SAGGISTIC

4

ALBERTO PIOLA

NON LITIGARE CON DARWIN

Chiesa ed evoluzionismo

Prefazione di
PIERO CODA

Paoline

PAOLINE Editoriale Libri

Via Francesco Albani, 21 - 20149 Milano
www.paoline.it
edlibri.mi@paoline.it
Distribuzione: Diffusione San Paolo s.r.l.
Corso Regina Margherita, 2 - 10153 Torino

Prefazione

A centocinquant'anni dalla pubblicazione de L'origine delle specie *di Charles Darwin, il dibattito culturale intorno all'evoluzione – e alle sue molteplici ricadute e conseguenze – è tutt'altro che svigorito o spento: anche, anzi* in primis, *sul versante del suo scontro e/o incontro col principio, di marca teologica, della creazione. Da un versante, e dall'altro, da quello cioè dei sostenitori dell'evoluzione sino all'evoluzionismo o da quello dei sostenitori della creazione sino al creazionismo, così come – detto con una buona dose di semplificazione – da quello della scienza o da quello della fede, non mancano le prese di posizione in proposito.*

Ciò avviene – mi pare di poter dire – perché la stagione che stiamo attraversando mette a fuoco, in definitiva, con un'evidenza che forse non era così avvertibile sin dall'inizio del dibattito ottocentesco, il senso e la direzione dell'avventura dell'uomo nella storia dell'universo.

Sì, perché è proprio questo, a ben vedere, l'oggetto ultimo del contendere: che ne è dell'uomo, non solo guardando alla storia dell'universo che sino a lui ha portato, ma anche guardando a ciò che oggi si sta realisticamente profilando a proposito delle possibilità di plasmare e persino trasformare la sua identità biologica e psico-somatica? In altri termini: ciò che di fatto la questione dell'evoluzione pone sul tappeto non è tanto l'offerta di una chiave di lettura scientifica, fondata e oggettiva, d'interpretazione della storia dell'universo, quanto, insieme a questo, la riproposizione dell'eterno interrogativo intorno all'identità e al destino dell'uomo, per sé immerso nel flusso di questa storia, certo, ma al tempo stesso decisamente eccentrico ed eccedente rispetto ad essa.

È dunque chiaro che la questione dell'evoluzione, nonostante il travagliato ma senza meno prezioso lavorio di chiarificazione che si è prodotto in questi centocinquant'anni, trovi nuova esca, e persino con qualche recrudescenza di toni, nell'odierno riproporsi del cruciale interrogativo intorno all'uomo. Il che viene a dire, oggi come ieri, oggi forse più di ieri, che la controversia intorno all'evoluzione per sé va declinata su due piani. In primo luogo, quello della correttezza epistemica che invita a distinguere gli ambiti, i metodi, i criteri, l'estensione delle affermazioni che vengono fatte dai diversi saperi – si tratti di quello scientifico o di quello teologico – in fedeltà alle rispettive portate conoscitive e ai rispettivi significati antropologici, senza cedere alla tentazione d'indebite generalizzazioni e assolutizzazioni. In secondo luogo, quello della necessaria correlazione di tali saperi, dei loro oggetti e dei loro risultati, nel contesto integrale dell'impresa conoscitiva dell'uomo in risposta all'imperativo dell'esplicazione libera e intelligente della propria identità.

Molte e tuttora perduranti incomprensioni derivano dallo slittamento, più o meno consapevole, dei pensieri e degli atteggiamenti, tra i due piani. In questa logica, giunge quanto mai opportuno l'appello lanciato da Benedetto XVI ad allargare gli spazi d'esercizio della razionalità: e cioè, detto in termini più perspicui e precisi, a tenere aperto l'orizzonte di ricerca della ragione umana in tutta la sua vastità. Rispettando, certo, e promuovendo l'investigazione della ragione nei vari ambiti e dimensioni del reale con gli appropriati metodi, ma insieme non imponendo a priori dei confini oltre i quali la ragione non potrebbe o non dovrebbe spingersi.

Dunque, se l'intelligenza responsabile della fede cristiana non può che giovarsi dei risultati dell'indagine scientifica nell'esplicarsi della sua autonoma metodologia, altrettanto l'indagine scientifica non può che arricchirsi, anzi in definitiva avvicinarsi alla sua finalità ultima, quando inserisce i risultati cui è pervenuta entro un quadro di riferimento più vasto e di altro livello, che come tale può essere intenzionato solo da altri saperi – come ad esempio la filosofia e la teologia.

Evoluzione e creazione infatti – per stare al nostro oggetto – per sé sono concetti che afferiscono a due livelli distinti del reale: la confusione o il conflitto nascono quando li si incrocia indebitamente. Mentre, quando son fatti valere nei rispettivi contesti, possono davvero arricchirsi l'un l'altro, ciascuno restando pertinente al proprio livello ma insieme offrendo una qualche luce per l'interpretazione ulteriore dell'altro.

La controversia tra evoluzione e creazione non è che la spia di una correlazione tra sapere della fede e sapere delle scienze di cui ancora non si è trovato il bandolo. Di fatto, la genesi e l'esercizio della razionalità scientifica moderna ha provocato un tale sconvolgimento nell'architettura dei saperi prima data per certa e definitiva, che ancora non si è riusciti a ricomporre adeguatamente le cose. E il pericolo – come accennavo – è che ne faccia le spese l'identità dell'uomo in un momento delicato e inedito come quello che stiamo vivendo. Per questo è necessario con ogni sforzo, ma senza forzature, lavorare a una ricomposizione rispettosa della pluralità dei saperi e al contempo attenta all'unità di senso e di destino dell'uomo e del cosmo.

Il saggio che, con ammirevole ricchezza di documentazione e con sicura acribia d'interpretazione, Alberto Piola ci propone offre uno strumento prezioso e direi quasi indispensabile non solo per fare chiarezza sui termini reali della vicenda storica che ha visto su fronti opposti scienza e teologia, evoluzione (o meglio evoluzionismo) e creazione (o meglio creazionismo), ma anche per delineare con pacatezza e serietà di argomentazione la piattaforma di un'efficace e realistica «integrazione». Senza cedere alla facile illusione dell'esclusivismo o del concordismo. Un saggio come questo, oltre tutto, ci regala con nitida scrittura degli sguardi puntuali e suggestivi su aspetti ed episodi della vicenda e della questione per lo più sconosciuti, e invece assai rilevanti per il tracciato del suo disegno complessivo e delle prospettive di una sua proficua composizione.

PIERO CODA

Introduzione

Passeggiando per l'Abbazia di Westminster, a Londra, a un certo punto capita di camminare sopra la tomba di Charles Darwin, posta nel pavimento della navata centrale accanto a quella di Isaac Newton. Darwin morì il 19 aprile 1882 e il 26 dello stesso mese, grazie all'interessamento di alcuni suoi amici e sostenitori che chiesero per lui la sepoltura nella chiesa che conserva i grandi personaggi della storia inglese[1], ebbe nel cuore della capitale britannica un solenne funerale religioso, benché fosse notoriamente agnostico e già in vita fosse stato in molti Paesi europei contestato per la sua teoria dell'evoluzione delle specie viventi, considerata in contrasto con l'insegnamento della Bibbia sulla creazione di tutte le specie da parte di Dio.

Quando capita di camminare su quella lastra tombale di Darwin un secolo e mezzo dopo la pubblicazione della sua opera fondamentale *Sull'origine della specie* viene da pensare che difficilmente chi fu presente a quel funerale poteva immaginare il grande dibattito che si sarebbe aperto fino ai nostri giorni per cercare di far dialogare la fede giudaico-cristiana nella creazione con le ipotesi scientifiche che da Darwin hanno preso il nome.

[1] Sulla vicenda cfr. R.G. Weyant, *Why did they Bury Darwin in Westminster Abbey?*, in *Skeptical Inquirer* 30 (Jan-Feb 2006), n. 1.

Il caso di Darwin non è diventato un nuovo caso Galilei, però le sue tesi – in particolare la derivazione dell'uomo dalle scimmie, come semplificando si disse fin dai primi dibattiti – furono avversate in molti modi in ambito cattolico specie tra la fine dell'Ottocento e i primi decenni del Novecento.

Né sembra che oggi il clima sia più tranquillo. Destò una certa eco sui mass media un piccolo episodio verificatosi il 1° maggio 2007. Tradizionalmente a Roma, in piazza San Giovanni in Laterano, si tiene in occasione della festa dei lavoratori uno spettacolo musicale organizzato dai sindacati; uno dei conduttori dello spettacolo dell'edizione del 2007, un certo Andrea Rivera, pronunciò tra l'altro questa frase:

> Il Papa ha detto che non crede nell'evoluzionismo. Sono d'accordo, infatti la Chiesa non si è mai evoluta.

L'episodio, forse espressione soprattutto di una ricerca di visibilità mediatica, non è significativo in sé né richiede di essere confutato sulla base delle vere posizioni di Benedetto XVI; ma è indicativo di un certo retaggio storico, per cui si crede che la Chiesa cattolica sia nemica dell'evoluzionismo e più in generale delle acquisizioni delle scienze. Come è stato fatto notare da uno storico,

> se vi è un terreno sul quale la Chiesa ha dovuto affrontare una sfida mortale da parte della modernità, questo è certo il terreno del confronto con la scienza, in particolare con le scienze naturali [...]. Eppure, anche in questo campo [...] si assiste oggi a un rimescolamento profondo delle carte che ha avuto tra le altre conseguenze [...] la caduta degli antichi steccati e pregiudizi, che sembrano aver ceduto il posto a un rinnovato dialogo tra teologia e scienza, tra Chiesa e scienze naturali[2].

[2] G. Filoramo, *La Chiesa e le sfide della modernità*, Laterza, Roma-Bari 2007, pp. 131-132.

Il giudizio di Filoramo sul momento attuale è molto speranzoso: sarebbero caduti gli antichi pregiudizi, ci sarebbe un rinnovato dialogo tra teologia e scienze naturali. Molti osservatori pensano che la situazione attuale sia proprio questa; però pare bene non dimenticare troppo in fretta il passato, né cadere in ingenue forme di veloci e irenici concordismi.

Alcuni fatti di questi ultimi anni hanno riportato a galla un dibattito sul dialogo tra evoluzionismo e fede cristiana che sembrava ormai sopito. Alla luce di quanto si è letto in scritti di vario livello (da quelli degli scienziati e dei teologi, a quelli dei divulgatori e dei giornalisti) e si è sentito in tanti dibattiti pubblici, pare da rivedere quanto scrisse nel 1984 Carlo Molari al termine di una monumentale ricerca storica sui rapporti tra darwinismo e teologia cattolica:

> Penso che attualmente l'evoluzione darwiniana non sia un problema rilevante per la teologia: a qualsiasi conclusione gli scienziati potranno pervenire sul fatto e sulla modalità dell'evoluzione (compreso anche il poligenismo) il teologo non avrà motivi di turbamento o di compiacimento. Tra non molto tempo perciò la discussione relativa all'evoluzione scomparirà dai manuali teologici come sono scomparse polemiche famose nei secoli scorsi. Resterà solo come un capitolo nelle storie della teologia[3].

Non è certo passato inosservato agli osservatori più attenti che Benedetto XVI, nell'omelia della sua prima messa da pontefice in piazza San Pietro, abbia affermato:

> Non siamo il prodotto casuale e senza senso dell'evoluzione. Ciascuno di noi è il frutto di un pensiero di Dio. Ciascuno di noi è voluto, ciascuno è amato, ciascuno è necessario[4].

[3] C. Molari, *La teologia cattolica di fronte all'evoluzionismo darwinista ieri e oggi*, in G. Galasso - G. Ghiara (a cura di), *Il darwinismo nel pensiero scientifico contemporaneo. Atti del convegno nel primo centenario della morte di Charles Robert Darwin*, Guida, Napoli 1984, p. 218.

[4] Benedetto XVI, Omelia per l'inizio del pontificato (24.4.2005), in *Insegnamenti di Benedetto XVI*, vol. I (2005), Libreria Editrice Vaticana, s.l. 2006, p. 25.

E pochi mesi dopo, nel gennaio del 2006, appariva un testo di Fiorenzo Facchini su *L'Osservatore Romano* che traeva spunto dall'«acceso dibattito su evoluzione e creazione», facendo notare che si tratta di un dibattito «inquinato da posizioni politiche, oltre che ideologiche»; dopo aver ricordato la posizione cattolica sul tema, concludeva riprendendo la stessa linea di Benedetto XVI:

> In una visione che va oltre l'orizzonte empirico, possiamo dire che non siamo uomini per caso e neppure per necessità, e che la vicenda umana ha un senso e una direzione segnati da un disegno superiore[5].

E chi legge simili espressioni e non è completamente estraneo al dibattito in corso coglie subito un accenno, almeno indiretto, a quell'Intelligent Design su cui si è discusso molto negli Stati Uniti d'America (addirittura con interventi dell'allora presidente George W. Bush) e che ha fatto la sua apparizione in ambito italiano per esempio all'epoca delle polemiche sorte per la riforma dei programmi scolastici nel 2004 quando era ministro dell'istruzione Letizia Moratti[6]. La questione poi se a scuola sia «pericoloso» insegnare che Dio ha creato il mondo non è una questione posta da qualche umorista, ma l'oggetto di un intervento del Consiglio d'Europa dell'ottobre 2007, dedicato proprio ai rischi del creazionismo nell'educazione. L'Assemblea parlamentare del Consiglio d'Europa ha approvato un documento dal titolo *I danni del creazionismo nell'educazione*, dove – oltre a commettere il madornale errore di confondere la fede religiosa nella creazione con

[5] *Evoluzione e creazione*, in *L'Osservatore Romano* 16-17.1.2006.

[6] Senza entrare qui nei dettagli della vicenda, si tratta delle polemiche sorte allorquando i nuovi programmi delle medie (scuola secondaria di primo grado) non prevedevano più l'insegnamento dell'evoluzionismo; dopo le polemiche, tale insegnamento ritornò a essere presente nei programmi ministeriali. Per una sintesi giornalistica della vicenda cfr. T. Pievani, *In difesa di Darwin. Piccolo bestiario dell'antievoluzionismo all'italiana*, Bompiani, Milano 2007, pp. 9-22.

la teoria del creazionismo – si raccomanda alle autorità preposte alle politiche dell'educazione degli Stati membri dell'Unione europea di promuovere e difendere la conoscenza scientifica e di opporsi con decisione all'insegnamento del creazionismo come disciplina scientifica avente lo stesso valore della teoria dell'evoluzione. Insegnare qualcosa che non sia la teoria dell'evoluzione sarebbe un attacco contro i diritti umani; la risoluzione approvata inizia infatti dicendo che

> per alcuni la creazione, in quanto oggetto di credenza religiosa, dà un significato alla vita. Tuttavia, l'Assemblea parlamentare è preoccupata dei possibili cattivi effetti della diffusione delle idee creazioniste all'interno dei nostri sistemi educativi e delle conseguenze per le nostre democrazie. Se non stiamo attenti, il creazionismo potrebbe diventare una minaccia per i diritti umani che sono una preoccupazione chiave del Consiglio d'Europa[7].

Insomma, la questione del rapporto tra fede nella creazione e teorie scientifiche dell'evoluzione non è certo

[7] Il testo del documento (che è stato redatto dal Comitato per la cultura, la scienza e l'educazione e da questi approvato il 17 settembre 2007, per essere poi votato dal Consiglio d'Europa poche settimane dopo come risoluzione 1580/2007) è reperibile sul sito internet dell'Assemblea parlamentare del Consiglio d'Europa (www.assembly.coe.int); sulla vicenda si può vedere ad es. M. Doldi, *Europa, un'assurda paura!*, in *Il Cittadino - settimanale cattolico di Genova*, 14.10.2007; F. Facchini, *Il creazionismo non va confuso con la creazione*, in *Avvenire* 16.10.2007, p. 23; *Schönborn - «Sul creazionismo il Consiglio d'Europa sbaglia due volte»*, in *Avvenire* 20.10.2007, p. 27. Il documento ha un tono battagliero e, pur presentando il grande limite già segnalato di non saper distinguere la fede religiosa nella creazione dalla teoria del creazionismo, presenta una buona sintesi dei dibattiti in corso. L'obiettivo polemico immediato della risoluzione non è tanto la posizione della Chiesa cattolica, che anzi viene trattata con un certo rispetto, quanto le posizioni intransigenti di certa parte della cultura islamica, espresse soprattutto dal turco Harun Yahya (pseudonimo di Adnan Oktar), che tra il 2006 e il 2007, per opera di un'organizzazione turca di estrema destra, in Europa ha diffuso gratuitamente in migliaia di copie nelle scuole e agli insegnanti di scienze e di religione un corposo volume di circa 800 pagine: *Atlante della creazione*, vol. 1, Global Publishing, Istanbul 2007 [2006], dove si contesta Darwin e la teoria dell'evoluzione delle specie e si difende un puro creazionismo. Per la diffusione del creazionismo nel mondo islamico turco cfr. la buona ricostruzione di J.-M. Balhan, *Le créationnisme américain en Turquie*, in *Études* 153 (2009) 485-495.

sepolta e in questi ultimi anni ha prodotto, anche solo se ci limitiamo alla bibliografia scientifica, una messe sterminata di volumi e di articoli. Per la teologia è una questione relativamente nuova, scoppiata – come vedremo – solo verso la fine del XIX secolo; non ha infatti senso cercare dei riferimenti anacronistici all'antichità e nella teologia dei Padri[8], è un tipico esempio dei dibattiti moderni tra scienza e fede.

Da qui nasce l'interrogativo che ci poniamo in queste pagine: *quale* dialogo tra evoluzione e creazione? Oggi non basta parlare di dialogo tra le due prospettive, un dialogo che sono in pochi a rifiutare; alla luce della storia della questione evoluzionista nel Magistero e nella teologia cattolica, si vogliono cercare le condizioni di possibilità per un dialogo tra il discorso scientifico dell'evoluzione e la dottrina cattolica della fede in Dio creatore (sarà il tema sviluppato nel capitolo XI). Si presenteranno in modo sintetico le linee di fondo della storia del rapporto tra l'evoluzionismo e la fede cristiana, sottolineando soprattutto gli interventi magisteriali, mentre in modo più ampio si lascerà spazio agli interventi di alcuni autori di questi ultimi anni. Non entreremo nel dibattito scientifico sulla teoria darwiniana. La vogliamo considerare nel suo insieme in quanto ha in vari modi rappresentato una sfida per la teologia cristiana.

Premessa necessaria per affrontare la storia passata e presente del dialogo tra evoluzione e creazione è un'accurata precisione nei termini che si usano; uno dei principali

[8] Cfr. ad es. P. Haffner, *Evolution and the Magisterium of the Church*, in R. Pascual (a cura di), *L'evoluzione: crocevia di scienza, filosofia e teologia. Congresso internazionale - Roma, 23-24 aprile 2002*, Studium, Roma 2005, p. 315, dove si citano Agostino, che parla di un certo sviluppo nelle cose che Dio ha creato, cfr. *De genesi ad litteram* IV,25,56 (PL 34,320); V,23,45 (PL 34,338); VII,28,41-42 (PL 34,370-372), e Gregorio di Nissa che sostiene un progresso nella creazione, cfr. *In Hexameron* PG 44,71.77; *De hominis opificio* 29 (PG 44,233-240). Simili tentativi furono propri di un'apologetica della prima ora, che tentò di dire che le teorie darwiniane erano già contenute nella tradizionale teologia cristiana.

ostacoli al dialogo tra le due prospettive è proprio l'uso improprio di certi termini oppure l'uso dei medesimi termini che teologi e scienziati intendono in modo differente. Così, solo per fare qualche esempio, la teoria scientifica che parla di un paradigma evolutivo per spiegare le varie fasi della storia dell'universo e dei viventi è un'altra cosa dalla fede cristiana nel Dio che ha creato il cielo e la terra e di cui parla l'inizio della Bibbia; però – come vedremo tra poco – non ci si può dimenticare che il dato biblico, scritto – direbbero gli scienziati – con il paradigma del fissismo delle specie, è stato sfidato dalla lettura evoluzionista (o del trasformismo, si diceva nei manuali teologici pre-conciliari) che a prima vista pare incompatibile con il dettato del dato biblico. Oggi, poi, lo stesso dato biblico è «difeso» contro gli attacchi dell'evoluzionismo da chi parla di creazionismo o dai sostenitori di un Intelligent Design presente nel cosmo, un progetto intelligente che potrebbe però anche essere per certi aspetti un'affermazione possibile per uno scienziato che, senza fare professioni di fede religiosa, constati la presenza di un certo ordine che sembra frutto dell'azione di un'intelligenza ordinatrice nei fenomeni che studia.

I.

La questione evoluzionista e il mondo cattolico. L'inizio dello scontro e i suoi motivi

Che ci sia stato all'inizio uno scontro tra le proposte della teoria darwiniana e la tradizionale affermazione di fede nella creazione a opera di Dio, tipica della tradizione giudaico-cristiana[1], è facilmente comprensibile per ciò che l'ipotesi evoluzionistica mette in discussione: se c'è un'evoluzione delle specie viventi affidata a certi meccanismi che gli scienziati cercano di scoprire, sembra venir meno la provvidenza di Dio come unica vera forza decisiva nel governo del mondo; sembra poi messa in discussione la particolare creazione dell'uomo: se – come una certa semplificazione ha fatto dire – l'uomo deriva dalla scimmia, non può certo essere quella creatura, creata « a immagine e somiglianza di Dio », dotata di un'anima immortale, destinata alla visione beatifica di cui ha sempre parlato la fede cristiana. E poi la Bibbia parla di Adamo ed Eva, la prima coppia di progenitori (un dato, peraltro, molto comodo per spiegare come mai tutti portano le conseguenze del peccato originale): questo dato era stato accettato senza problemi da tutte le generazioni cristiane precedenti, ora però questo modo di pensare – detto monogenismo – risultava del tutto inverosimile di fronte alla teoria darwiniana che portava facilmente al poligenismo.

[1] Per una ricostruzione generale dei rapporti tra la teoria evoluzionista e il Magistero e la teologia cattolica cfr. le indicazioni al par. 1 della bibliografia finale.

Possiamo vedere due episodi di scontro della primissima ora, entrambi del 1860, l'anno successivo alla pubblicazione de *Sull'origine delle specie per mezzo della selezione naturale, o la preservazione delle razze favorite nella lotta per la vita*[2] da parte di Charles Darwin (1809-1882), e altri due episodi che denotano l'eco che la posizione darwiniana conobbe fin dal suo inizio.

1. Le prime reazioni dopo il 1859

La prima occasione di scontro fu tra Thomas Henry Huxley (1825-1895) e Samuel Wilberforce (1805-1873), vescovo anglicano di Oxford (Darwin era anglicano[3]), città

[2] *On the Origin of Species by Means of Natural Selection, or the Preservation of Favoured Races in the Struggle for Life*, John Murray, London 1859; prima che Darwin si decidesse a pubblicare il frutto delle sue ricerche passò molto tempo, dato che il viaggio naturalistico che gli aveva fatto costruire la teoria che da lui prenderà il nome era avvenuto tra il 1831 e il 1836. L'opera ebbe a Londra subito un immediato successo: la prima edizione di 1250 copie fu tutta esaurita nel primo giorno di vendita. Ad essa seguirà anni dopo *The Descent of Man, and Selection in Relation to Sex,* John Murray, London 1871.

[3] È complessa la questione della fede religiosa di Darwin, il quale, dopo aver frequentato dal 1825 al 1827 gli studi di medicina a Edimburgo, li abbandonò e dal padre fu mandato a studiare teologia a Cambridge, sperando che entrasse a far parte del clero; ma a Cambridge si legò a John Stevens Henslow, docente di botanica, che lo fece scegliere come naturalista per il viaggio di esplorazione della nave reale Beagle. Darwin all'inizio non dubitava della verità letterale della Bibbia e seguiva l'argomento teleologico di William Paley (1743-1805, secondo il quale nel progetto della natura sarebbe dimostrata l'esistenza di Dio). Durante il suo famoso viaggio per mare, le sue credenze religiose incominciarono però a divenire meno salde, perché l'osservazione di certi fenomeni naturali (come ad esempio il caso di una vespa che paralizzava bruchi e li offriva come cibo vivo alle proprie larve) gli fece venire dei dubbi sulla presenza nella natura di un progetto buono da parte di Dio. I primi dubbi lo portarono a ritenere falsa e inaccettabile la vicenda narrata dall'AT. Terminato il lungo viaggio per mare, cominciò a studiare la modificazione delle specie, pur sapendo che era ritenuta inaccettabile dai suoi amici naturalisti che abbracciavano la fede della Chiesa. L'adesione al cristianesimo di Darwin si attenuò progressivamente, fino a perdere completamente la fede con la morte della figlia Annie nel 1851, data dopo la quale non frequentò più la messa. Interrogato in età avanzata su quale fosse la sua convinzione religiosa, rispondeva di non essere ateo, quanto piuttosto agnostico (cfr. F. Facchini, *L'agnostico che guardava alla*

dove si tenne un incontro della British Association for the Advancement of Science dedicato proprio a discutere il libro di Darwin uscito da poco. Wilberforce attaccò in quell'occasione la teoria dell'evoluzione, chiedendo pubblicamente ad Huxley se ritenesse di discendere da una scimmia da parte del bisnonno o della bisnonna. Huxley rispose dicendo che avrebbe preferito discendere da una scimmia piuttosto che da un uomo come Wilberforce che usava il proprio intelletto per sostenere idee false contro lo sviluppo del sapere scientifico che probabilmente non aveva nemmeno capito[4].

Il secondo episodio del 1860 è invece interno alla Chiesa cattolica, anche se probabilmente non si riferisce direttamente al libro di Darwin[5]. Si tratta del concilio provinciale di Colonia, che si celebrò dal 29 aprile al 17 maggio 1860 sotto la presidenza di mons. Johannes von Geissel (1796-1864), arcivescovo di Colonia. Il testo è molto chiaro:

grandiosità della natura, in *L'Osservatore Romano* 12.2.2009, p. 4). Dopo la sua morte, però, furono fatte circolare delle voci – smentite poi dai suoi figli e dagli storici – secondo cui Darwin si sarebbe convertito durante la sua ultima malattia. Per una rassegna delle posizioni sulla questione cfr. D.N. Livingstone, *Re-placing Darwinism and Christianity*, in D.C. Lindberg - R.L. Numbers (a cura di), *When Science and Christianity meet*, The University of Chicago press, Chicago 2003, pp. 184-189. Per una prima informazione sulla figura e sul pensiero di Darwin si può consultare ad esempio J. Browne, *Darwin's Origin of Species. A Biography*, Atlantic Books, London 2006 (trad. italiana: *Darwin, l'origine della specie. Una biografia,* Newton Compton, Roma 2007); J. Howard, *Darwin*, Oxford University Press, Oxford 1982 (trad. italiana: *Darwin*, traduzione di A. Colombo, Dall'Oglio, Milano 1982; trad. italiana con aggiustamenti: *Darwin*, traduzione di P. Fait, Il Mulino, Bologna 2003).

[4] Per maggiori informazioni su questo episodio e per le fonti che lo riportano cfr. J. Howard, *Darwin*, pp. 16-17; H. Müller, *Evolution und Schöpfung. Eine nicht ausgestandene Kontroverse*, in *Forum katholische Theologie* 18 (2002) 109-111 e J. Arnould, *La Chiesa e la storia della natura*, Jaca Book, Milano 2003, pp. 47-49.

[5] «La dichiarazione di Colonia [...] con probabilità si riferisce più direttamente al "trasformismo" di G.L. Le Clerc, conte di Buffon (1707-1788) e soprattutto di J.B.P.M. Lamarck (1744-1819), i cui seguaci erano numerosi in Germania» (C. Molari, *Reazioni teologiche all'evoluzionismo e sua recezione*, in *Credereoggi* 29 [2009], n. 169, 59).

I primi genitori sono stati creati da Dio immediatamente. Pertanto noi dichiariamo che è totalmente contraria alla Sacra Scrittura e alla fede l'opinione di coloro che non hanno paura di affermare che l'uomo – se si considera il corpo – è apparso sulla terra per un mutamento spontaneo che da una natura più imperfetta ha portato ininterrottamente e alla fine a questa natura umana più perfetta.

Le sacre lettere attestano che Adamo fu il primo uomo e che da lui tutto il genere umano trae la sua origine; san Paolo, discutendo all'Areopago, lo insegna chiaramente [At 17,26]. Pertanto coloro che o dicono di non sapere da dove il genere umano abbia tratto origine, o negano che tutto il genere umano si sia propagato da Adamo, sono in aperto ed evidente contrasto con la Sacra Scrittura[6].

Viene dunque ritenuto indiscutibile il senso letterale del dato biblico per cui bisogna ritenere che i progenitori sono stati creati immediatamente da Dio. Non viene negato in sé ogni tipo di evoluzione, ma quello che avverrebbe «per un mutamento spontaneo».

2. Tra diffidenze e accoglienza

Ma, come dicevamo, si possono citare anche altri due episodi di quegli anni che testimoniano un'eco immediata delle teorie darwiniane. Innanzi tutto, visto il particolare legame della rivista con la Santa Sede, si deve citare la pronta reazione de *La Civiltà Cattolica* alla pubblicazione del testo di Darwin, affidata a una serie di articoli scritti tra il 1860 e il 1861 da padre Giovanni Battista Pianciani (1784-1862), che sosteneva la necessità di mantenere un rigido fissismo delle specie[7]; obiettivo polemico del gesui-

[6] Tit. IV: *De homine*, caput XIV: *De humani generis origine hominisque natura*; Mansi 48,91.

[7] Cfr. *Della origine delle specie organizzate*, in *La Civiltà Cattolica* serie IV, vol. 7 (1860) 164-179. 272-283; *Della origine e della unità della specie umana*, in *La Civiltà Cattolica* serie IV, vol. 9 (1861) 165-187. Gli articoli apparvero senza

ta era innanzi tutto il trasformismo del biologo francese Jean-Baptiste Lamarck (1744-1829), che egli riteneva una teoria materialista dal momento che spiegava l'evoluzione come un processo basato sulle capacità della natura e sulle metamorfosi degli esseri preesistenti, e a Lamarck veniva associata la pubblicazione del testo di Darwin del 1859 *Sull'origine della specie*[8]. È interessante leggere la posizione di Pianciani sulle nuove teorie che legherebbero l'apparizione della specie umana a specie preesistenti: egli rifiuta la nascente spiegazione evoluzionista non per un motivo di fede nella creazione o appellandosi alla Rivelazione, ma ponendosi solo su un piano di controversia scientifica. Secondo Pianciani la teoria evoluzionista non è quindi problematica perché sarebbe contraria alla fede, ma perché scientificamente insostenibile; la teoria scientifica da sostenere è quindi il fissismo, che peraltro ben si lega al dato di fede nella creazione:

> Le specie animali sono stabili, e non mutano per accidentali circostanze i caratteri veramente specifici, e ci sembra assai provato, ch'esse sono permanenti e immutabili quanto ai caratteri essenziali, ossia quali il Creatore le formò fin da principio, tali si conservano e si conserveranno, finché ad Esso piacerà, e non si mutano una nell'altra[9].

E poco dopo continua:

la firma del loro autore su *La Civiltà Cattolica*, ma furono pubblicati poco dopo all'interno dell'opera di Pianciani *Cosmogonia naturale comparata col Genesi*, tipi della Civiltà Cattolica, Roma 1862, rispettivamente alle pp. 237-265 e 265-288. Pianciani, di famiglia nobile, fu un cultore di fisica e di scienze naturali e fu tra i primi redattori de *La Civiltà Cattolica* quando questa fu fondata nel 1850. Come studio recente sulla sua figura si può citare R. Mantovani, *Un fisico dimenticato: il gesuita G.B. Pianciani*, in *Atti del XXII Congresso nazionale di Storia della fisica e dell'astronomia, Genova / Chiavari 6-7-8 giugno 2002*, a cura di Matteo Leone, Alessandro Paoletti, Nadia Robotti, Stampa Microart's, Recco s.d., pp. 295-313.

[8] Cfr. *Della origine delle specie organizzate*, pp. 280-282 (= *Cosmogonia naturale*, pp. 262-264).

[9] *Della origine e della unità della specie umana*, p. 171 (= *Cosmogonia naturale*, p. 272).

> Siamo dunque contenti di seguitare a credere che l'uomo è stato sempre uomo, quale il Creatore lo ha fatto, come le scimmie sono state sempre scimmie, e gli altri animali non hanno sofferto metamorfosi, ma ciascuna specie è rimasta quale il Creatore da principio avea voluto che fosse[10].

La serie di articoli su *La Civiltà Cattolica* di padre Pianciani fu poi continuata da un'altra serie apparsa tra il 1871 e il 1872, dove si rispondeva all'accoglienza favorevole che le tesi di Darwin avevano avuto in quegli anni e si ribatteva puntualmente a ogni elemento del sistema darwinistico, specie sul caso dell'uomo, sostenendo la tesi generale che non si trattasse di una vera teoria scientifica; per cui era da rifiutare non solo da un punto di vista religioso perché contraddiceva quanto Mosè aveva scritto in Genesi, ma soprattutto dal punto di vista scientifico[11].

[10] *Della origine e della unità della specie umana*, p. 175 (= *Cosmogonia naturale*, p. 275).

[11] Ecco in ordine cronologico gli articoli, con la tesi sostenuta in ciascuno di essi: *Le due contrarietà della teorica dell'uomo-scimia*, in *La Civiltà Cattolica* serie VIII, vol. 4 (1871) 21-35 (la teoria dell'uomo scimmia è contraria alla religione e alla scienza; bisogna opporsi a chi nega la verità della cosmogonia mosaica e a chi sostiene la vicinanza di specie tra scimmie e uomo); *Il darwinismo*, in *La Civiltà Cattolica* serie VIII, vol. 4 (1871) 293-305 (presentazione e critica della teoria di Darwin); *Il sistema de' trasformisti e il concetto della specie*, in *La Civiltà Cattolica* serie VIII, vol. 4 (1871) 530-544 (la teoria del darwinismo è in aperto contrasto con i fatti colti dall'osservazione scientifica); *I trasformisti e la stabilità delle specie*, in *La Civiltà Cattolica* serie VIII, vol. 5 (1871) 36-52 (le specie si mantennero sempre invariabili, come hanno insegnato tutti gli antichi naturalisti e come dimostra l'analisi scientifica, non hanno quindi senso i sistemi di Lamarck e Darwin); *Gli argomenti dei trasformisti*, in *La Civiltà Cattolica* serie VIII, vol. 5 (1872) 400-412 (espone l'opera di Darwin del 1871 sull'origine dell'uomo, dove si sostiene che uomo e scimmia hanno uno stesso antenato); *Risposta ai tre argomenti dei trasformisti*, in *La Civiltà Cattolica* serie VIII, vol. 5 (1872) 688-704 (continua l'articolo precedente e contraddice gli argomenti di Darwin sull'origine dell'uomo da un punto di vista scientifico); *L'incoerenza de' trasformisti*, in *La Civiltà Cattolica* serie VIII, vol. 6 (1872) 270-290 (sull'incoerenza scientifica di chi vede somiglianza tra l'uomo e la scimmia e sull'assenza di una vera base scientifica per il trasformismo); *I principii e le conseguenze del darwinismo*, in *La Civiltà Cattolica* serie VIII, vol. 7 (1872) 272-290 (contro quanto afferma il darwinismo, è evidente che nel creato c'è un ordine e un fine, posti in esso da Dio; invece i darwinisti per principio escludono ogni intervento di Dio nel mondo e parlano solo di «forze cieche, casuali e meccaniche», 282); le tesi di questi articoli furono poi sintetizzate in: *Epilogo della*

Segue di pochi anni l'altro episodio che si può citare come caso di accoglienza immediata ma non facile della teoria evoluzionista: si tratta della vicenda legata a Filippo De Filippi (1814-1867)[12], docente di zoologia all'Università di Torino, che nel 1864 tenne una lezione, dal titolo *L'uomo e le scimie*, in cui sosteneva la tesi evoluzionista. Seguace all'inizio del fissismo di Cuvier e della teoria per cui le estinzioni e le nuove creazioni di specie sarebbero avvenute a causa di grandi catastrofi, come i diluvi, già nel 1855 aveva pubblicato un'opera – *Il diluvio noetico* – in cui sosteneva che i caratteri primitivi delle specie viventi si sono modificati a causa delle mutate condizioni di esistenza, ma era stato restio ad allargare la possibilità di limitati processi evolutivi da lui sostenuta anche al caso dell'uomo. Quando lesse l'opera del 1859 di Darwin, come pure l'opera *Il posto dell'uomo nella Natura* di Huxley, si decise ad accogliere la teoria evoluzionista che appunto sostenne nella lezione da lui tenuta l'11 gennaio 1864 nell'anfiteatro di Chimica di san Francesco da Paola a Torino. La lezione, in cui voleva dimostrare la profonda somiglianza dei caratteri anatomici tra specie umana e primati, iniziava in questo modo:

> La infinitamente bella e grande varietà di forme di piante e di animali che popolano ora la superficie della terra, non è apparsa

confutazione dell'errore del Darwin sulla origine dell'uomo, in *La Civiltà Cattolica* serie VIII, vol. 7 (1872) 525-538, dove si concludeva che il darwinismo non è un sistema scientifico. Questi articoli vengono attribuiti a Beniamino Palomba (cfr. H.W. Paul, *Religion and Darwinism. Varieties of Catholic Reaction*, in Th.F. Glick [a cura di], *The Comparative Reception of Darwinism,* University of Texas Press, Austin - London 1974, p. 411, n. 15).

[12] Le informazioni su questa vicenda sono desunte dal sito Internet www.torinoscienza.it/accademia (02/01/2008) e da M. Cermenati, *Nel cinquantenario dell'«Origine delle specie»*, Nuova antologia V serie, 145 (16.2.1910) 601-632; cfr. anche G. Giacobini - G.L. Panattoni (a cura di), *Il darwinismo in Italia*, testi di Filippo De Filippi, Michele Lessona, Paolo Mantegazza, Giovanni Canestrini, Utet, Torino 1983. Il prof. De Filippi fu il primo biologo sperimentale a Torino e si occupò di istologia ed embriologia dei pesci e dei trematodi; fu anche senatore e morì nel gennaio 1867 a 53 anni per una gravissima epatite amebica, durante una missione scientifica promossa dal Regno d'Italia a Hong Kong.

tutta insieme d'un sol getto, ma è stata preceduta da una successione di altre forme diverse, di altri mondi di viventi, che hanno lasciate, a documento della loro passata esistenza, spoglie più o meno complete negli strati della corteccia terrestre.

Era convinto che «un vero sentimento religioso è conciliabile con la dottrina della figliazione genealogica della specie da un tipo primitivo, come l'esclamazione ascetica "non casca foglia che Dio non voglia" è conciliabile col pieno riconoscimento delle leggi di gravità». E per il caso dell'uomo sosteneva:

Dire che l'uomo deriva dalla scimmia non è altro che esprimere un fatto anatomico e connetterlo, pei suoi vincoli più naturali a una induzione fisiologica; e finché non si prova che uno dei due elementi o entrambi sono falsi, la loro connessione deve essere accettata. [...] E allora cos'è questo se non un modo di concepire la creazione organica? La parentela con le scimmie è così tutta assorbita in una parentela più generale; e lungi dall'essere umiliato, l'uomo si sublima, pensando a quanto si riassume in lui, termine della creazione.

De Filippi sottolineava, però, che c'è una profonda differenza tra le scimmie e l'uomo al livello delle facoltà intellettuali. La sua lezione destò scalpore e reazioni contrastanti, ma fu in ogni caso l'ingresso ufficiale della teoria di Darwin nel mondo scientifico e culturale italiano[13].

[13] La sua lezione sarà pubblicata nello stesso 1864 sotto forma di estratto dalla rivista *Il Politecnico* di Milano ed ebbe immediata diffusione non solo a Torino, ma in tutta Italia, arrivando alla terza edizione nel 1865. Il 1864 fu anche l'anno della prima traduzione italiana dell'opera di Darwin del 1859. E in Italia Torino ebbe ancora un ruolo per la diffusione della teoria evoluzionista perché il successore di De Filippi sulla cattedra di zoologia dell'Università, Michele Lessona, continuò l'opera del suo predecessore e proprio a Torino fu la Utet che, tra il 1871 e il 1890, tradusse in italiano in 13 volumi le più importanti opere di Darwin e pubblicò i saggi sulla teoria darwiniana di Giovanni Canestrini (1835-1900): *Teoria dell'evoluzione esposta ne' suoi fondamenti come introduzione alla lettura delle opere di Darwin e de' suoi seguaci* (1877; 1887²; dello stesso autore cfr. anche *La teoria di Darwin criticamente esposta*, Fratelli Dumolard, Milano 1880; 1887²); Canestrini nel 1875 fu anche il traduttore della sesta e definitiva edizione inglese de *The Origin of Species.* Del resto, proprio l'Accademia delle Scienze di Torino il 30 novembre 1873 elesse Darwin come suo socio straniero (nonostante alcune opposizioni) e il 28 dicembre 1879 gli assegnò il Premio Bressa per la ricerca (cfr. P. Bianucci, *Che fatica per Darwin entrare in Accademia*, in *La Stampa* 14.2.2009, p. 62).

II.

Le prime reazioni e i primi tentativi teologici

Dopo l'intervento de *La Civiltà Cattolica* che abbiamo presentato, non ci sarebbe da stupirsi di trovare dopo poco tempo un diretto intervento vaticano contro le nuove teorie che si andavano diffondendo.

Le vicende, in realtà, furono più sfumate, anche se – come vedremo – non mancarono le condanne rivolte ad alcuni autori; queste vicende sono state studiate più ampiamente solo in questi ultimi anni, precisamente da quando nel 1998 fu aperto agli studiosi l'Archivio della Congregazione per la Dottrina della Fede (che conserva anche gli archivi della Congregazione del Sant'Uffizio e dell'Indice) per i documenti fino al 1903 (anno della fine del pontificato di Leone XIII).

1. Il Vaticano I

La presa di posizione dei vescovi tedeschi del 1860 di cui abbiamo parlato poco fa influì nei lavori preparatori del Vaticano I; in una riunione della commissione teologica del maggio 1869, si ricordò esplicitamente come si stesse diffondendo una teoria che affermava che l'uomo è il risultato dell'evoluzione spontanea della materia[1] e nei

[1] Cfr. Mansi 49,697.

due schemi sulla dottrina cattolica si prevedeva di definire come dogma di fede che tutti gli uomini discendono da un'unica coppia[2]; in una relazione si leggeva poi di «quella turpe dottrina che cerca gli inizi del genere umano da una scimmia irsuta e pone l'avvio del genere umano non nel paradiso ma nello sporco e turpe fango»[3].

Nella discussione nell'aula conciliare ci fu qualche allusione a questa teoria e non ci furono opposizioni al progetto di definire la discendenza dell'umanità da un'unica coppia[4], con l'unica eccezione di mons. John Augustine Vérot pss (1805-1876), vescovo di Savannah (Georgia, USA), che si disse meravigliato di come venisse dato poco peso alle ragioni scientifiche portate dai poligenisti, pur ammettendo che quella proposta di definire il monogenismo fosse possibile e opportuna. Risulta curioso e interessante il ragionamento da lui esposto ai padri conciliari: provenendo da una diocesi dove ci sono molti negri, sente in modo particolare la difficoltà di come intendere l'unità del genere umano, visto che i negri non nascono dai bianchi, né viceversa; egli vuole riuscire a spiegarsi anche scientificamente come possano esistere i negri, se Adamo era un bianco ed esiste un'unica specie umana secondo quanto afferma la Scrittura, stante anche le teorie di chi afferma che i negri non hanno un'anima razionale[5].

[2] «Ipse Adam [...] a Spiritu Sancto [...] dicitur formatus a Deo patre orbis terrarum [...]. Unde sub anatemate damnamus errorem, quo haec unitas et communis origo totius humani generis negatur» (Mansi 50,70).

[3] Cfr. Collectio lacensis 7,92: «... turpis ille doctrina, quae humani generis initia ab hirsuto simio, quae humani generis incunabula in turpissimo ac foedissimo coeno, non in paradiso quaerit...».

[4] Cfr. Mansi 50,163-166; 53,212.297.

[5] Ecco la parte centrale del suo intervento in cui espone le sue difficoltà a non far dialogare l'unitarietà del genere umano affermata dalla tradizione cristiana e le nuove teorie degli scienziati: «miror quod auctor notarum in schemate dixerit aliquos scientificos homines, aliquos auctores humanarum scientiarum negare hanc unitatem generis humani ex levissimis rationibus; dicunt illae notae: "ex levissimis geologicis aut ethnograficis rationibus". Reverendissimi patres, ego debeo dicere quod nisi illud Scriptura et traditio affirmarent, ego dubitarem vel saltem

Com'è noto, il Vaticano I non terminò i suoi lavori e la nostra questione non è presente tra i pochi documenti che furono approvati.

Se il Vaticano I non condannò esplicitamente l'evoluzionismo, c'è però da segnalare durante il pontificato di Pio IX (1846-1878) il fatto che – anche in risposta alla rivendicazione dell'autonomia della ricerca scientifica e all'accusa al Magistero di impedire la ricerca scientifica (tesi che erano state sostenute nel settembre 1863 a un congresso di studiosi cattolici a Monaco di Baviera) – nel *Sillabo* pubblicato nel 1864 siano state condannate queste due proposizioni:

> I decreti della sede apostolica e delle congregazioni romane impediscono il libero progresso della scienza (DH 2912).

> Il metodo e i principi con i quali gli antichi dottori scolastici coltivarono la teologia, non corrispondono più alle esigenze dei nostri tempi e al progresso delle scienze (DH 2913).

Ci fu anche una presa di posizione privata di Pio IX sull'evoluzionismo. Nel 1877 un medico parigino, Constantin James (1813-1888), pubblicò un libro teso a mostrare

haesitarem. Nam venio de dioecesi, in qua sunt multi nigri, plusquam dimidia pars milionis nigrorum hominum. Nunc nigri non generantur ex albis, nec albi ex nigris, et forsitan sunt quidam hic, qui putant, quod homines quando vitam degunt in calida regione fiant nigri, et quod nigri si vivant in frigida regione deveniant albi. Illud, eminentissimi praesides, est error, qui tantum risum movebat in regionibus ubi res cognoscitur. Itaque si Adamus erat albus, quomodo fit ut sint nigri, quia nigredo non est in superficiali parte pellis, sed est interior. Itaque ratio propter quam dicendum est, esse tantum unam speciem humanam, est quod ita invenimus in Scriptura. Sed praeterea, reverendissimi patres, non sufficit condemnare illos qui dicunt plures esse species humanas; non curant de nostris condemnationibus et anathematibus, sed dandae sunt rationes propter quas illorum assertio reici debet. Itaque volo dicere quod in America liber quidam editus fuerit cum titulo *Ariel*, in quo libro dicitur quod duplex creatio hominis fuerit in principio; una creatio hominis albi in persona Adami, et altera creatio pro hominibus nigris, qui nigri, dicebat ille liber, sunt gradus inter bestiam et hominem» (Mansi 50,165). Lo schema cui Vérot fa riferimento si trova in Mansi 50,108.

la falsità del darwinismo[6]; nella seconda edizione di questo libro nel 1892, dove si proponeva di dare maggiore spazio all'aspetto religioso del problema, rese nota una lettera che Pio IX gli aveva inviato dopo la prima edizione della sua opera. In questa lettera il Papa denunciava le « aberrazioni del darwinismo » parlando in questi termini:

> Un sistema che la storia, la tradizione di tutti i popoli, la scienza esatta, l'osservazione dei fatti e finanche la stessa ragione naturale rifiutano contemporaneamente sembrerebbe non aver bisogno di alcuna confutazione, se la lontananza da Dio e la tendenza al materialismo, frutto della corruzione, non cercasse avidamente un sostegno in *questo tessuto di favole*. Queste, d'altra parte smentite per ogni verso dagli argomenti più semplici, portano, in più, il segno evidente della loro insania [...]. Ma la corruzione di questo secolo, gli artefici dei perversi, il pericolo dei semplici, esigono che *simili fantasticherie, assurde come sono*, siano confutate dalla vera scienza[7].

2. Gli interventi di fine Ottocento

Sono invece dell'ultimo decennio del XIX secolo i primi interventi vaticani che, seppur in modo sfumato, mettono in guardia dall'accettare le nuove teorie evoluzioniste. Siamo durante il pontificato di Leone XIII (1878-1903) e gli interventi sono fatti a nome della Congregazione dell'Indice, che era l'organismo deputato a valutare i libri che venivano pubblicati. Come già si accennava più sopra, l'apertura nel 1998 degli Archivi della Congregazione per la Dottrina della Fede ha permesso di conoscere meglio

[6] *Du Darwinisme ou l'Homme-singe*, Plon, Paris 1877. Il libro fu recensito su *La Civiltà Cattolica* serie X, vol. 2 (1877) 449-458 da F. Salis Seewis insieme a un altro testo diretto contro il darwinismo: E. de Hartmann, *Le Darwinisme. Ce qu'il y a de vrai et de faux dans cette théorie*, Germer Bailliere, Paris 1877.

[7] Il testo e tutta la vicenda sono riportati in C. Molari, *La teologia cattolica*, pp. 221-222; il Breve di Pio IX è del 17.5.1877; due giorni prima James era stato nominato Cavaliere dell'Ordine di san Silvestro.

i motivi per cui vennero inviati dei provvedimenti a quei teologi che cercavano di conciliare la dottrina della creazione con l'evoluzionismo[8]. Tali provvedimenti, fa opportunamente notare Rafael A. Martínez, docente alla Pontificia Università della Santa Croce di Roma, vanno inquadrati nella tensione che fu presente nella seconda metà del secolo XIX tra scienza e cristianesimo: gli enormi progressi compiuti dalle scienze naturali sembrarono rappresentare una minaccia per il cristianesimo, anche perché talvolta tali progressi venivano esposti in termini di agnosticismo e di materialismo[9]; erano quindi comprensibili atteggiamenti di contrapposizione ai dati offerti dalle scienze e di riserva verso chi pensava di poter ammettere un processo evolutivo all'interno della provvidenza di Dio creatore. Sono stati studiati in modo particolare i casi di cinque autori (tra cui due vescovi!), i cui scritti furono in vario modo oggetto di critica. Iniziamo con tre casi di cui si occupò direttamente la Congregazione dell'Indice.

Il primo fu quello di Raffaele Caverni (1837-1900)[10], sacerdote della diocesi di Firenze, professore di matematica e fisica, indagato per la pubblicazione di *De' nuovi studi della Filosofia. Discorsi a un giovane studente* (Carnesecchi, Firenze 1877); quest'opera difendeva la conciliabilità di

[8] Per i primi risultati di queste ricerche negli Archivi aperti nel 1998 si può consultare: B. Brundell, *Catholic Church politics and evolution theory, 1894-1902*, in *British Journal for the History of Science* 34 (2001) 81-95; R.A. Martínez, *El Vaticano y la evolución. La recepción del darwinismo en el Archivio del Indice*, in *Scripta Theologica* 39 (2007) 529-551. Il secondo articolo riferisce della ricerca iniziata nel 1999 da Mariano Artigas (uno studioso che il card. J. Ratzinger pose nel comitato scientifico una volta che fu decisa l'apertura degli Archivi), che è riportata in modo più ampio in M. Artigas - Th. Glick - R.A. Martínez, *Negotiating Darwin. The Vatican confronts Evolution, 1877-1902*, The John Hopkins University Press, Baltimore 2006.

[9] Cfr. R.A. Martínez, *El Vaticano y la evolución*, 532.

[10] Sul suo caso cfr. in modo più dettagliato M. Artigas - R. Martínez, *La iglesia y el evolucionismo: el caso de Raffaello Caverni*, in *Scripta Theologica* 36 (2004) 37-68 e *Negotiating Darwin*, pp. 32-51.287-289; M. Artigas - Th.F. Glick - R.A. Martínez, *Darwin and the Vatican*, pp. 422-424.

evoluzionismo e dottrina cattolica e fu denunciata all'Indice dall'arcivescovo di Firenze Eugenio Cecconi (1834-1888) e dall'Indice fu condannata nel 1878 (secondo la prassi del tempo, la condanna si limitava a indicare il nome dell'autore e il titolo dell'opera, senza entrare nei motivi per cui il libro veniva condannato). Ricevette anche forti critiche da *La Civiltà Cattolica*[11], dirette soprattutto contro il fatto che Caverni affermasse che anche l'uomo fosse incluso nel processo evolutivo e non si rendesse conto del carattere ateo e materialista del darwinismo. Sebbene Caverni abbia affermato di essere convinto che i motivi della condanna del suo scritto fossero da ricercare in certe sue critiche alla vita della Chiesa del suo tempo, le ricerche compiute negli archivi della Congregazione dell'Indice hanno permesso di scoprire che il suo libro fu condannato proprio perché difendeva le teorie evoluzioniste. I documenti interni alla Congregazione che motivano la sua condanna fanno notare che fino a quel momento non c'è stato un pronunciamento della Santa Sede sul darwinismo; la condanna fu però ugualmente emessa, basandosi sul parere dell'unico consultore incaricato di esaminare il caso, il domenicano Tommaso Maria Zigliara (1833-1893), esponente di spicco del neotomismo promosso da Leone XIII (che nel 1879 creò cardinale Zigliara). Lo studioso domenicano nelle sue opere aveva aspramente combattuto l'ipotesi evoluzionista[12]. Caverni si sottomise alla condanna e il suo libro fu l'unico tra questi cinque casi che stiamo analizzando a essere messo all'Indice.

[11] La lunga recensione fu opera del padre Francesco Salis Seewis: cfr. *La Civiltà Cattolica* serie X, vol. 4 (1877) 570-580; vol. 5 (1878) 65-76. Del resto, a causa della situazione politica del tempo, la rivista in quegli anni si pubblicava proprio a Firenze, luogo dell'attività di Caverni.

[12] Cfr. M. Artigas - R. Martínez, *La iglesia y el evolucionismo*, 53-60 e R.A. Martínez, *El Vaticano y la evolución*, 537, nota 19. Non conosce invece il legame tra la difesa dell'evoluzionismo e la condanna di Caverni lo studio di Sara Pagnini, *Profilo di Raffaello Caverni (1837-1900), con appendice documentaria*, Pagnini e Martinelli, Firenze 2001, p. 43.

Il secondo teologo ad avere difficoltà con la Congregazione dell'Indice fu il domenicano francese Marie-Dalmace Leroy (1828-1905), per la pubblicazione di *L'évolution des espèces organiques* (Perrin, Paris 1887; dopo le critiche ricevute per questa prima edizione pubblicò una nuova edizione, corretta e aumentata: *L'évolution restreinte aux espèces organiques*, Delhomme et Briguet, Paris - Lyon 1891); quest'opera voleva dimostrare che l'evoluzionismo è compatibile con il cristianesimo se si mantiene nel suo ambito scientifico e non si muta in una filosofia materialista e atea[13]. Fu denunciata all'Indice da una lettera del 20.6.1894 di un non meglio conosciuto Charles Chalmel e questa volta l'iter dell'analisi dell'opera fu molto più complesso del caso di Caverni. Il cardinale prefetto dell'Indice, Serafino Vannutelli (1834-1915), affidò l'esame del testo al francescano osservante Teofilo Domenichelli (1855-1936), che fece il 30.8.1894 una relazione di 27 pagine sostanzialmente favorevole alle posizioni di Leroy, specie in base al principio esegetico – affermato pochi mesi prima dell'enciclica *Providentissimus Deus* – per cui vanno rifiutate spiegazioni letterali del testo biblico che risulterebbero assurde a chi le legge. Domenichelli quindi non entrava direttamente nell'esame della teoria scientifica dell'evoluzionismo, solo si preoccupava che non fosse negata la verità di fede;

[13] Leroy non era però l'unico cattolico francese a sostenere in quegli anni la conciliabilità dell'evoluzionismo per la fede cristiana; per gli altri casi cfr. J. Arnould, *La Chiesa e la storia della natura*, pp. 51-54. Per una sintesi della posizione di Leroy cfr. *ibidem*, pp. 54-56. Sul caso Leroy cfr. l'ampia documentazione, tratta soprattutto dagli archivi della Congregazione dell'Indice, pubblicata in *Negotiating Darwin*, pp. 52-123.289-295 e sintetizzata in M. Artigas - Th.F. Glick - R.A. Martínez, *Darwin and the Vatican*, pp. 425-426; cfr. anche lo studio di B.W. Harrison, *Early Vatican Responses to Evolutionist Theology*, in *Living Tradition* n. 93 (May 2001) = www.rtforum.org/lt/lt93.html (08/01/2009; contiene, però, varie inesattezze, specie riguardo alla falsa affermazione che il libro di Leroy sia stato messo all'Indice; cfr. la dimostrazione degli errori in *Negotiating Darwin*, pp. 119-120) e la ricostruzione (fatta però prima delle indagini negli archivi vaticani) di H.W. Paul, *The Edge of Contingency. French Catholic Reaction to Scientific Change from Darwin to Duhem,* University Presses of Florida, Gainesville, FL 1979, pp. 71-75.

concludeva raccomandando che il libro di Leroy non fosse censurato. Il suo parere, però, non fu accettato dalla congregazione generale del 19.9.1894, che affidò l'esame dell'opera (ora anche per quanto riguardava la sua seconda edizione del 1891) ad altri due consultori, i quali furono meno benevoli verso Leroy. Si trattava di Enrico Fontana (che era stato da poco nominato vescovo di Cremona) e di Luigi Tripepi (1836-1906; sarà nominato cardinale nel 1901); specie il giudizio di Tripepi era molto duro contro l'evoluzionismo, giudicato un'ipotesi falsa e assurda sia dal punto di vista scientifico sia dal punto di vista teologico, perché contraddiceva il consenso unanime e ininterrotto dei teologi sulla formazione diretta del corpo umano a opera di Dio come è scritto in Genesi. Quando il caso ritornò all'esame della congregazione, la decisione fu negativa contro Leroy, anche a causa di una quarta relazione sul suo libro, a opera del domenicano Enrico Buonpensiere (docente di dogmatica al Pontificio Ateneo Lateranense), molto dura contro l'evoluzionismo, che fu fatta propria dal segretario della Congregazione, mons. Cicognani.

Non si decise, però, una condanna pubblica del testo, ma la condanna della dottrina (ritenuta erronea e anticristiana specie quando trattava la formazione del corpo umano, dal momento che i Padri e la Scrittura dicono che il corpo umano è stato immediatamente formato da Dio); ci fu l'invito all'autore – tramite il Padre generale del suo ordine – a ritrattare pubblicamente. Leroy, ricevuta questa notizia nel febbraio del 1895, il 26 di quel mese scrisse una lettera (poi pubblicata il 4 marzo da *Le Monde*) in cui ritrattò completamente quanto aveva scritto, desideroso di «vivere e morire nella fede della santa Chiesa romana»[14].

[14] Cfr. un estratto del testo della lettera in C. Molari, *La teologia cattolica*, p. 230. Comunque Leroy negli anni successivi tentò per due volte di avere il permesso di pubblicare una nuova versione corretta del suo libro; entrambe le volte la richiesta fu respinta.

Questa ritrattazione fu ampiamente conosciuta, mentre nessuno conobbe i documenti della Congregazione dell'Indice; il fatto che Leroy non avesse precisato da chi gli era giunta la condanna, fece supporre a qualcuno (come ad es. *La Civiltà Cattolica*) che la condanna arrivasse direttamente dal Sant'Uffizio.

Il terzo teologo a essere indagato fu John Augustine Zahm (1851-1921), sacerdote statunitense della Congregazione della Santa Croce, docente di fisica nell'Università Notre Dame, per la pubblicazione di *Evolution and Dogma* (McBride, Chicago 1896)[15]; in quest'opera, denunciata alla Congregazione dell'Indice nel 1897, sosteneva la compatibilità dell'evoluzionismo con la dottrina cattolica e riprendeva le posizioni di Mivart (cfr. più avanti), affermando tra l'altro che fosse possibile per un cattolico pensare che il corpo di Adamo si fosse evoluto dal corpo di qualche animale antropomorfo e che la dottrina dell'evoluzione, se correttamente intesa e liberata dall'uso strumentale fatto

[15] Il libro ebbe subito molta notorietà e fu tradotto in più lingue: in italiano (presso l'Ufficio della Biblioteca del Clero, Siena 1896), in francese (Lethielleux, Paris 1897) e in spagnolo (Sociedad editorial española, Madrid 1905). Zahm era già noto per aver pubblicato altre opere sul rapporto tra scienza e religione (*Catholic Science and Catholic Scientists*, H.L. Kilner, Philadelphia, Penn. 1893; *Moses and Modern Science*, D.J. Gallagher, Philadelphia 1894; *Bible, Science and Faith*, Murphy, Baltimore 1894; *Scientific Theory and Catholic Doctrine*, D.H. McBride, Chicago 1896; *Science and the Church*, D.H. McBride, Chicago 1896), che avevano ricevuto molte recensioni positive, anche su *La Civiltà Cattolica*. Per i suoi meriti Leone XIII gli aveva conferito nel 1895 il titolo di dottore in filosofia. Dal 1896 trascorse a Roma quasi due anni come postulatore generale della sua congregazione ed era già stato altre volte in Europa. Nel 1897 tenne una relazione al Congresso internazionale scientifico dei cattolici a Friburgo in Svizzera (cfr. *Évolution et téléologie*, in *Revue des Questions Scientifiques* 43 [1898] 403-419; trad. italiana: *Evoluzione e teleologia. Conferenza nel Congresso di Friburgo*, Tip. S. Bernardino Edit., Siena 1898). Viene ritenuto esponente di quel filone liberale detto «americanismo» (cfr. R.A. Martínez, *El Vaticano y la evolución*, 544-545); per l'inserimento della sua vicenda nel come in generale i cattolici statunitensi si rapportarono con il darwinismo cfr. lo studio di R.S. Appleby, *Exposing Darwin's «Hidden Agenda»: Roman Catholic Responses to Evolution, 1875-1925*, in R.L. Numbers - J. Stenhouse (a cura di), *Disseminating Darwinism: The Role of Place, Race, Religion and Gender*, Cambridge University Press, Cambridge 1999, pp. 173-207.

dai sostenitori del materialismo anti-cristiano, non era contraria alla Scrittura o alla dottrina cattolica; infatti egli sosteneva il principio per cui la Scrittura non ha lo scopo di insegnare verità scientifiche e quindi c'è la libertà di interpretarla quando non si tratti di punti definiti come dogmi dalla Chiesa[16].

Zahm era un autore molto più noto rispetto a Caverni e Leroy per le sue precedenti pubblicazioni e per il suo legame con il movimento dell'americanismo; la denuncia fu fatta da mons. Otto Zardetti (1847-1902): di origine svizzera, vescovo di St. Cloud nel Minnesota (1889-1894) e poi arcivescovo di Bucarest (1894-1895), legato all'arcivescovo di New York Michael A. Corrigan (1839-1902), ritenuto il capo della corrente conservatrice dell'episcopato americano, si trovava a Roma dal 1895 come emerito per motivi di salute. La denuncia di Zardetti fu accompagnata dalla ritrattazione di Leroy, da articoli de *La Civiltà Cattolica*[17] e da brani dei cardinali Camillo Mazzella sj (1833-1900; dal 1889 al 1893 prefetto della Congregazione dell'Indice e dal 1893 prefetto della Congregazione degli Studi) e Francesco Satolli (1839-1910), e sottolineava la grande attività che Zahm stava svolgendo in quegli anni per diffondere l'evoluzionismo (come al Congresso di Friburgo, cfr. alla nota 15).

[16] Cfr. ad es. una sua affermazione nelle conclusioni del libro: «l'Evoluzione, per quanto in essa v'ha di vero, fa a meraviglia per la religione e il Dogma, perché una teoria vera dell'origine e dello svolgimento delle cose, intesa sanamente e sanamente applicata, rafforza e illustra le dottrine della fede» (*Evoluzione e dogma*, p. 315). Per una presentazione delle tesi di Zahm cfr. B. Brundell, *Catholic Church politics and evolution theory*, 89; C. Molari, *La teologia cattolica*, pp. 231-232; R.S. Appleby, *Exposing*, pp. 185-194; *Negotiating Darwin*, pp. 124-137 (in quest'opera poi, alle pp. 137-202.295-303 viene pubblicato ampiamente il materiale trovato negli archivi della Congregazione dell'Indice) e M. Artigas - Th.F. Glick - R.A. Martínez, *Darwin and the Vatican*, pp. 426-428.

[17] *La Civiltà Cattolica*, tramite il suo direttore S. Brandi, aveva recensito molto negativamente l'opera: cfr. serie XVI vol. 10 (1897) 201; cfr. anche, sempre dello stesso Brandi, *Evoluzione e Domma*, in *La Civiltà Cattolica* serie XVII, vol. 5 (1899) 34-49.

Il caso fu nuovamente affidato a Buonpensiere, la cui opinione contraria all'evoluzionismo aveva contribuito – come abbiamo visto – alla condanna di Leroy. Buonpensiere fece una lunga relazione contraria alle tesi di Zahm, in cui tra l'altro proponeva che la Congregazione dell'Indice condannasse chi negava che «Dio ha formato immediatamente e direttamente Adamo a partire dal fango della terra»; le sue argomentazioni, però, non sembrano del tutto autonome dagli scritti apparsi su *La Civiltà Cattolica*, in particolare a opera del direttore padre Salvatore Brandi. Quando il caso di Zahm giunse in discussione, le opinioni furono diverse ma sostanzialmente contrarie allo studioso americano; il 1.9.1898 si decretò la condanna di Zahm, anche questa volta però – come già nel caso di Leroy – senza pubblicazione del decreto, ma chiedendo – tramite il suo superiore generale – la sua ritrattazione, che però non ci fu.

Le ricerche compiute in questi ultimi anni negli archivi vaticani hanno permesso di scoprire che tale situazione fu il risultato del fatto che Zahm, nel frattempo rientrato negli Stati Uniti come provinciale della sua congregazione, attivò i suoi amici e conoscenti che vivevano a Roma, i quali si opposero alla pubblicazione del decreto della sua condanna. Uno dei suoi difensori era il card. Serafino Vannutelli, che il 7 novembre ne parlò direttamente a Leone XIII, il quale accettò che non si pubblicasse il decreto di condanna. Le cose però cambiarono direzione all'inizio dell'anno successivo, quando padre Salvatore Brandi de *La Civiltà Cattolica* scrisse il 2.2.1899 a mons. Corrigan annunciando un'enciclica contro l'americanismo e nuovi provvedimenti contro Zahm[18]. In effetti il 22 febbraio fu pubblicata l'enciclica *Testem benevolentiae*, datata 22.1.1899, diretta al card. James Gibbons (1834-1921, arcivescovo di Baltimora), che pose fine alla

[18] Cfr. un brano di questa lettera in R.A. Martínez, *El Vaticano y la evolución*, 547.

questione dell'americanismo[19]; non ci furono comunque altre azioni contro Zahm. Costui, però, scrisse il successivo 16 maggio delle lettere ai suoi traduttori francese e italiano, in cui li informava che la Santa Sede si opponeva a una ulteriore diffusione delle traduzioni della sua opera del 1896 e li invitava a ritirarla dalla vendita. La lettera scritta al traduttore dell'edizione italiana, Alfonso Maria Galea, fu pubblicata da *La Gazzetta di Malta* il 31.5.1899 e da lì ripresa da *La Civiltà Cattolica* del 1.7.1899, a p. 125; il fatto poteva sembrare facilmente una vittoria degli oppositori di Zahm, pur non essendoci stata nessuna condanna vaticana pubblica.

Diverso dai precedenti fu il caso di St. George J. Mivart (1827-1900), laico, un ex-anglicano che nel 1844 si era convertito al cattolicesimo, esperto di biologia, che aveva pubblicato *On the Genesis of species* (MacMillan, London 1871): in questo testo non accettava la spiegazione darwiniana della selezione naturale, perché la considerava contraria alla fede cristiana, ma proponeva una conciliabilità tra fede e ipotesi evoluzionista anche per l'uomo, a patto che si affermasse che Dio ha creato l'anima. Negli ultimi anni della sua vita pubblicò vari articoli critici verso la dottrina della Chiesa e gli interventi della Curia romana contro Leroy e Zahm; questi interventi, e in particolare un articolo scritto nel gennaio 1900, suscitarono l'indignazione del suo vescovo, il card. Herbert Vaughan (1832-1903), arcivescovo di Westminster, che gli chiese una professione di fede cattolica e un atto di sottomissione. Mivart con una lettera del 23.1.1900 rifiutò per cui venne escluso dai sacramenti per decisione del suo vescovo. L'esame compiuto in questi ultimi anni negli archivi vaticani ha però escluso che il suo scontro con le autorità ecclesiali fosse dovuto alla questione dell'evoluzionismo[20].

[19] Per maggiori informazioni su questa vicenda cfr. *Negotiating Darwin*, pp. 169-177. Il testo dell'enciclica di Leone XIII si trova ad esempio in *Enchiridion delle encicliche* 3/2056-2070.

[20] Cfr. la documentazione riportata in *Negotiating Darwin*, pp. 236-269.305-308.

Ci resta ora da esaminare il caso di due vescovi che furono coinvolti in queste polemiche sulla conciliabilità tra evoluzionismo e fede cristiana.

Il primo fu mons. Geremia Bonomelli (1831-1914), vescovo di Cremona dal 1871 fino alla morte, che in un'appendice del suo libro di taglio apologetico *Seguiamo la ragione* (tip. Cogliati, Milano 1898) aveva tentato di «cristianizzare» la dottrina dell'evoluzionismo, non ritenendola problematica per la fede[21]. Bonomelli era un sostenitore della necessità di riconciliare scienza e fede; all'interno di questa sua linea di pensiero proponeva una certa accettazione dell'evoluzionismo e si rafforzò in questa convinzione soprattutto dopo la lettura dell'opera di Zahm, da lui dettagliatamente riassunta nell'appendice del suo libro del 1898; peraltro, nel capitolo ottavo di quel testo – scritto prima della lettura del testo di Zahm – parlava più prudentemente dell'ipotesi darwiniana come di un sistema in cui erano misti punti di errore e punti di verità. Poco dopo la pubblicazione del libro, però, scrisse il 22.10.1898 una lettera al giornale *Lega Lombarda*, dove precisava che

> fin dai primi giorni della pubblicazione di quel mio sunto molte persone amiche e benevole, e assai competenti per scienza e autorità, a voce e in iscritto, mi fecero osservare che quella dottrina, anche come semplice ipotesi, male poteva comporsi colla interpretazione che si dà comunemente dalla Chiesa;

si dichiarava perciò pronto a ritirare dalla seconda edizione del libro quella parte sull'accettabilità dell'evoluzionismo. Questa lettera fu prontamente ripresa su *La Civiltà Cattolica*[22], che precisò anche che, se Bonomelli scriveva che la dottrina dell'evoluzione non era fino ad allora

[21] Per maggiori informazioni su questa vicenda cfr. *Negotiating Darwin*, pp. 203-219.303-304.

[22] Cfr. serie XVII, vol. 4 (1898) 362-363. In quella lettera, peraltro, Bonomelli diceva di aver già scritto in precedenza, nel numero del 22-23 giugno della *Lega Lombarda*, una simile dichiarazione.

stata condannata dalla Chiesa, ciò dovesse intendersi nel senso che non era stata ancora condannata «con un atto pubblico». Nel caso di mons. Bonomelli, quindi, non ci fu un intervento diretto da parte vaticana; la sua lettera alla *Lega Lombarda* è però stata ritrovata conservata negli archivi del Sant'Uffizio. Si potrebbe ipotizzare che la ritrattazione di Bonomelli sia stata condizionata dal fatto che era una figura discussa di vescovo e aveva già un'altra sua opera messa all'Indice (non riguardava comunque il rapporto tra fede e scienza, ma il come risolvere la questione romana); potrebbe aver scritto quella lettera per evitare la possibilità di una nuova condanna. È comunque provato che fu consigliato dal suo amico card. Antonio Agliardi (1832-1915) di scrivere quella ritrattazione, anche perché a Roma Agliardi aveva sentito dal card. Andreas Steinhuber sj (1824-1907), prefetto della Congregazione dell'Indice, che Bonomelli avrebbe fatto bene a pubblicare una rettifica del suo apprezzamento per l'opera di Zahm. La questione dell'evoluzionismo rimase comunque del tutto marginale tra gli interessi e le attività del vescovo di Cremona.

Il secondo vescovo coinvolto in questo clima di sospetto verso il darwinismo fu mons. John Cuthbert Hedley (1837-1915), benedettino inglese, dal 1881 fino alla morte vescovo di Newport in Galles (diocesi di cui era già ausiliare dal 1873); egli si attirò una condanna de *La Civiltà Cattolica* per aver scritto un articolo in cui ammetteva la possibilità dell'evoluzionismo teista secondo la proposta di Zahm[23]. Il caso scoppiò quando nel 1898 Hedley pubblicò un articolo sulla *Dublin Review*, in cui apprezzava – pur esprimendo delle riserve – il tentativo che Zahm aveva compiuto nella sua opera *Evoluzione e domma*; sottolineava in particolare come l'ipotesi evoluzionista fosse di fatto spesso legata

[23] Per maggiori informazioni su questa vicenda cfr. *Negotiating Darwin*, pp. 220-235.305.

con prospettive materialiste o atee e come fosse necessario affermare, almeno nel caso dell'anima umana, una particolare azione creativa da parte di Dio. La rivista londinese *The Tablet* pubblicò un commento favorevole all'articolo di Hedley, che fu tradotto, insieme a qualche breve aggiunta, anche in Italia su *La Rassegna Nazionale*[24]. Questo commento, però, non solo era già un'interpretazione della posizione originale di Hedley, ma fu tradotto in italiano dalla contessa Sabina Parravicino, una delle maggiori esponenti del cosiddetto «americanismo italiano»: costei era una sostenitrice di Zahm e dell'evoluzionismo e trovò utile per difendere le sue idee propagandare l'articolo di mons. Hedley. Come lei stessa scrive in una lettera del 10.11.1898 indirizzata a mons. Denis O'Connell, fece una traduzione quasi completa dell'articolo del *Tablet*, aggiunse qualcosa e lo inviò a *La Rassegna Nazionale* sotto lo pseudonimo di «Theologus».

Questa traduzione italiana del commento di *The Tablet* provocò un articolo di padre Brandi su *La Civiltà Cattolica*[25] in cui accusava l'anonimo «Theologus» di non aver letto l'articolo originale di Hedley, dal momento che ometteva di riportare le riserve che Hedley aveva espresso sulle posizioni di Zahm, e di attribuire a Hedley la tesi per cui i credenti potevano accettare l'evoluzione se ammettevano l'intervento divino diretto nell'origine dell'anima umana. Brandi poi si diffondeva nell'articolo a criticare la tesi di Zahm, concludendo che la teoria dell'evoluzione è «un edifizio fantastico e non può qualificarsi meglio se

[24] L'articolo di Hedley è intitolato *Physical Science and Faith*, in *The Dublin Review* 62 (Oct. 1898) 241-261; la sua recensione fu pubblicata in *The Tablet* 29.10.1898, 690; la traduzione italiana della recensione fu pubblicata in *Rassegna Nazionale* 16.11.1898, 418-420. Per una dettagliata presentazione della posizione di Hedley cfr. *Negotiating Darwin*, pp. 222-227 e C. Molari, *La teologia cattolica*, pp. 234-235.

[25] Si tratta dell'articolo già citato alla nota 17: *Evoluzione e Domma*, in *La Civiltà Cattolica* serie XVII, vol. 5 (1899) 34-49.

non come un tessuto di paralogismi volgari e di supposizioni arbitrarie non sostenute da' fatti»[26]; ne sosteneva la debolezza dal punto di vista scientifico e difendeva l'interpretazione tradizionale del racconto biblico sull'origine dell'uomo; aggiungeva infine che anche mons. Bonomelli aveva ritrattato le sue posizioni e pubblicava la lettera di ritrattazione di Leroy del 1895.

Dopo aver letto questo articolo de *La Civiltà Cattolica*, Hedley scrisse una lettera (pubblicata sul *Tablet* del 14.1.1899[27]; da notare che l'articolo di Brandi era del 7 gennaio) in cui diceva che dall'articolo di Brandi, e in particolare dalla ritrattazione di Leroy, si poteva evincere che la Santa Sede si era espressa sulla questione della formazione del corpo di Adamo. Hedley supponeva che lo stesso Sant'Uffizio si fosse espresso contro le posizioni di Mivart (cita infatti questo autore, che non era stato citato da Brandi, e non tanto Zahm) e concludeva che quindi questa teoria non poteva più essere sostenuta: «se la "competente autorità" ha deciso nel senso in cui sembra aver deciso, l'ipotesi che il corpo dell'uomo sia si "evoluto" deve [...] essere ritenuta "temeraria" – e anche qualcosa di più». In seguito, però, Hedley cercò di informarsi meglio sul caso di Leroy e giunse alla conclusione che in realtà né il Sant'Uffizio né un'altra Congregazione romana era intervenuta; metteva dunque in dubbio la veridicità delle conclusioni cui giungeva l'articolo di Brandi su *La Civiltà Cattolica*, come scrisse in una lettera a un amico protestante, il rev. Spencer Jones, al quale diede anche il permesso di pubblicare questa lettera in un libro che Jones scrisse nel 1902. In realtà, Brandi nell'articolo del 1899 non aveva scritto che la Santa Sede fosse intervenuta, anche se i toni usati nel suo articolo avevano potuto farlo pensare

[26] *Evoluzione e Domma*, 45.

[27] Si può leggere l'intero testo della lettera in *Negotiating Darwin*, pp. 230-231.

a Hedley. La pubblicazione nel 1902 di quella lettera di Hedley a Jones faceva in ogni caso pensare che *La Civiltà Cattolica* fosse giunta a un'erronea conclusione. Non fa dunque stupire che lo stesso Brandi sia intervenuto per rispondere a quanto Hedely aveva scritto[28]: in un breve articolo di sole tre pagine, che aveva come significativo sottotitolo: *Erronee informazioni di un inglese*, Brandi – che sapeva che le decisioni della Santa Sede c'erano state, ma anche che non c'era l'intenzione di renderle pubbliche (non le conosceva però nei dettagli, infatti diede anche delle informazioni sbagliate) – sottolineò che Zahm aveva fatto una pubblica dichiarazione in cui aveva sostenuto di esser venuto a conoscenza che la Santa Sede si opponeva all'ulteriore diffusione del suo libro.

In realtà, come abbiamo più sopra esposto, Zahm aveva soltanto scritto una lettera privata al traduttore italiano del suo libro (anche se tale lettera era poi stata pubblicata su *La Gazzetta di Malta*): Brandi sopravvalutò enormemente il significato di quella lettera di Zahm, facendola diventare una specie di ritrattazione. Inoltre Brandi continuò il suo articolo insinuando che Zahm avesse fatto quella dichiarazione su istanza della Congregazione del Sant'Uffizio o dell'Indice e concludendo che sia nel caso di Zahm sia in quello di Leroy «l'autorità competente che esaminò le opere e le giudicò, e ai cui ordini il Leroy e lo Zahm obbedirono, fu l'autorità del Supremo Tribunale della Santa Sede»[29]. Di fatto Brandi forzò sia le parole di Leroy che quelle di Zahm, dando peraltro delle informazioni che non corrispondono a quanto oggi si conosce dopo l'apertura degli archivi della Congregazione dell'Indice. Il suo articolo, però, dopo queste premesse poteva facilmente concludere che mons. Hedley era stato

[28] Cfr. *Evoluzione e domma. Erronee informazioni di un inglese*, in *La Civiltà Cattolica* serie XVIII, vol. 6 (1902) 75-77.

[29] *Ibidem*, 77.

malinformato e avrebbe dovuto contattare la competente autorità della Santa Sede per ricevere maggiori informazioni sul caso, dato che la Santa Sede aveva ritenuto opportuno non condannare con un atto pubblico la teoria dell'evoluzione. Questo articolo di Brandi del 1902, benché – come abbiamo visto – riporti varie inesattezze, restò per molto tempo l'unico testo pubblico su queste vicende e fu spesso citato in seguito.

Non ci soffermiamo qui sul caso francese (di cui abbiamo esaminato la vicenda di Leroy), che è stato studiato una trentina di anni fa da Harry W. Paul[30]; anche tra il cattolicesimo francese ci fu dapprima una serie di opposizioni al darwinismo, contestato innanzi tutto a partire dal punto di vista della scienza[31], e poi una serie di autori e circostanze dove vari cattolici, scienziati e teologi, cominciarono gradualmente ad accogliere l'ipotesi evoluzionista[32].

[30] Cfr. H.W. Paul, *The Edge of Contingency. French Catholic Reaction to Scientific Change from Darwin to Duhem*, University Presses of Florida, Gainesville, FL 1979, specie pp. 23-107.

[31] Tra gli oppositori si possono ricordare mons. Guillaume-René Meignan (1827-1896), vescovo di Châlon-sur-Marne e poi cardinale arcivescovo di Tours, Alphonse-Joseph Lecomte (un sacerdote dottore in scienze naturali), Joachim Barrande (1799-1883, ingegnere), Jean-Louis-Armand de Quatrefages de Bréau (1810-1892, protestante; un naturalista), Henri-Marie Ducrotay de Blainville (1777-1850, anch'egli naturalista), e le polemiche contro l'evoluzionismo della rivista dei gesuiti francesi *Études*. Secondo l'analisi di Paul, l'ostilità dei cattolici contro il darwinismo non ebbe solo motivi religiosi o dogmatici, ma fu anche legata alla generale ostilità con cui il darwinismo fu accolto nella comunità scientifica francese. Inoltre, influì il fatto che molti darwinisti presentavano delle posizioni anti-teleologiche e anti-religiose. Da un punto di vista filosofico il darwinismo veniva poi accusato di essere assurdo, perché sosteneva che dal meno perfetto potesse derivare un qualcosa di più perfetto.

[32] Tra questo secondo gruppo si possono ricordare, oltre ovviamente Leroy, Denys Cochin (1851-1922) e un vasto gruppo di scienziati cattolici che si espressero in cinque congressi scientifici internazionali tenuti tra il 1888 e il 1890.

Per quanto riguarda la prima accoglienza delle teorie darwiniane nel mondo protestante di lingua inglese cfr. J.H. Moore, *The post - Darwinian controversies. A study of the Protestant struggle to come to terms with Darwin in Great Britain and America, 1870-1900,* Cambridge University Press, Cambridge 1979.

3. Alcune considerazioni

Prima di proseguire nell'analizzare come i primi tentativi teologici di conciliare la teoria dell'evoluzione con la fede cristiana furono accolti o criticati dalle autorità romane, possiamo già fare almeno due osservazioni.

In primo luogo, bisogna dire che certamente nella valutazione di questi primi tentativi ebbe un ruolo la linea seguita da *La Civiltà Cattolica* che, come abbiamo già visto, intervenne spesso a proposito del darwinismo. Quando in Italia cominciò a diffondersi tra i cattolici la teoria evoluzionista, la rivista dei gesuiti «non lasciò passare episodio o libro senza intervenire con puntualizzazioni che spesso rivelano il carattere di ufficiosità, al punto da far apparire in alcuni casi la rivista portavoce della Suprema S. Congregazione del S. Ufficio»[33]. Oltre ai vari articoli già citati in precedenza, già fin da quelli apparsi nel 1860 e poi nel 1871-1872, si possono ancora ricordare due altri gesuiti che scrissero su *La Civiltà Cattolica*: Caterini e Salis Seewis. Pietro Caterini scrisse tra il 1878 e il 1880 ben 37 articoli contro il darwinismo, poi raccolti in un libro[34]; in essi si scagliava anche contro Caverni (cfr. sopra), criticando aspramente la proposta di quest'ultimo di una conciliazione tra evoluzionismo e cristianesimo. Caterini proponeva un'interpretazione letterale del dato di Genesi e sosteneva che fosse dottrina rivelata che i primi progenitori del genere umano fossero stati creati da Dio con un'operazione immediata, anche per quanto riguardava il corpo. Alla fine della sua lunga serie di articoli affermava:

> [Il trasformismo] *teologicamente* considerato è un grossolano e manifestissimo errore contro la fede. *Filosoficamente* esaminato esso è un evidentissimo assurdo del *materialismo*. *Scientificamen-*

[33] C. Molari, *La teologia cattolica*, p. 222.

[34] P. Caterini, *Dell'Origine dell'Uomo secondo il Trasformismo. Esame scientifico filosofico teologico*, Giachetti, Prato 1884.

te valutato, esso è un sogno fantastico, uno stranissimo sistema *a priori*, che ha contro di sé le osservazioni e i fatti della natura[35].

Il suo confratello Francesco Salis Seewis nel 1897 pubblicò tre articoli contro la generazione spontanea[36], convinto che quello fosse il punto di partenza con cui «l'evoluzionismo apre la serie delle sue imaginose teorie» (da ricordare – cfr. alla nota 11 – che vent'anni prima lo stesso Salis Seewis aveva attaccato l'opera di Caverni). Infine si può ricordare il caso dello scrittore Antonio Fogazzaro (1824-1911) che difese l'evoluzionismo[37] e si attirò una dura reazione de *La Civiltà Cattolica*[38]. Questa era la conclusione dell'attacco a Fogazzaro:

Allorché presso a quarant'anni fa per opera d'increduli, a fregio e danno della Rivelazione, si suscitò cotesto fantasma dell'evoluzionismo, gli apologisti cattolici si trovarono unanimi nel prendere la posizione richiesta dal caso, chiudendosi nel campo scientifico, e quivi senza posa sfatando l'inanità di quella ipotesi e delle sue pretese dimostrazioni [...]. Stando così le cose, il nostro Autore ci propone la veramente poetica e romanzesca strategia, di abbandonar la nostra vittoriosa posizione e recarci dalla parte del nemico, pel gusto forse di prenderlo alle spalle, mediante la proclamazione di un evoluzionismo cristiano. Ci scusi il ch. Autore; non possiamo seguirlo. La scienza, avendo dichiarato che l'evoluzionismo, con o senza battesimo, è un mito, non ha più che noi soli credenti, a sostenerla contro l'insulso dommatismo

[35] *Come entrino la fede e la teologia nella questione trasformistica*, in *La Civiltà Cattolica* serie XI, vol. 4 (1880) 171.

[36] Cfr. *La generazione spontanea e la filosofia antica*, in *La Civiltà Cattolica* serie XVI, vol. 11 (1897) 142-152; *Sant'Agostino e la generazione spontanea primitiva*, 421-438; *S. Tommaso e la generazione spontanea primitiva*, 676-691. I tre articoli furono anche pubblicati in un fascicolo a parte: *La generazione spontanea e la filosofia antica*.

[37] Cfr. *Per un recente raffronto delle teorie di S. Agostino e di Darwin circa la creazione*, Galli, Milano 1892[5]; *L'origine dell'uomo e il sentimento religioso. Discorso letto in Roma il 2 marzo 1893 alla Società per l'istruzione della donna*, Galli, Milano 1893.

[38] La rivista dei gesuiti dedicò un ampio commento alla conferenza fatta da Fogazzaro a Roma nel 1893 (cfr. nota precedente): cfr. serie XV, vol. 8 (1893) 324-339. Sulla vicenda cfr. C. Molari, *La teologia cattolica*, pp. 230-231.

degl'increduli [...]. Il sentimento religioso poi, almeno quale noi lo proviamo, e con noi la comune dei fedeli, si ribella all'idea di rinnegare, insieme alla scienza, le dottrine insegnate nella Chiesa per fondare il concetto della Creazione sopra a un sogno di cervelli sconvolti dall'incredulità[39].

Questi numerosi interventi de *La Civiltà Cattolica* influirono senz'altro nel creare un clima di sospetto verso i tentativi di conciliazione tra evoluzione e fede nella creazione; pare, però, non sostenibile l'interpretazione di Barry Brundell, il quale arriva a dire che le forze reazionarie e repressive rappresentate dai gesuiti di quella rivista furono responsabili dell'interruzione del tentativo, voluto dallo stesso Leone XIII, di far pace tra fede e scienza: il vecchio papa, che aveva superato l'ottantina, avrebbe ceduto di fronte alla teologia dei gesuiti romani[40].

Una seconda osservazione che possiamo fare è che la linea seguita nelle decisioni vaticane degli ultimi anni del XIX secolo fu una linea pragmatica. Abbiamo visto che i sei casi cui si è fatto riferimento (Caverni, Leroy, Zahm, Mivart, Bonomelli, Hedley) furono molto diversi fra di loro e videro l'intrecciarsi di complessi fattori; non ci fu un atteggiamento univoco da parte dell'autorità vaticana. Si può ricordare che solo il libro di Caverni fu condannato nel 1878 (e gli altri casi che abbiamo visto sono posteriori); la sua condanna forse è dovuta più che altro a motivi contingenti (non aveva nessuno a Roma che lo potesse difendere, era stato accusato all'Indice dal suo stesso Arcivescovo), in ogni caso – pur essendo l'unico atto pubblico della Congregazione dell'Indice – non significò molto per i contemporanei, dato che l'Indice indicava solo l'autore e il titolo dell'opera condannata, e non il motivo – in questo

[39] *La Civiltà Cattolica* serie XV, vol. 8 (1893) 339.

[40] Cfr. B. Brundell, *Catholic Church politics and evolution theory*, 93-94. La tesi di Brundell si basa anche su erronee conclusioni delle sue analisi degli archivi vaticani, come è stato fatto notare in *Negotiating Darwin*, pp. 120-122.

caso l'evoluzionismo – che aveva portato alla condanna. Le conclusioni dell'indagine condotta da Mariano Artigas, Thomas F. Glick e Rafael A. Martínez negli archivi della Congregazione per la Dottrina della Fede dopo la loro apertura nel 1998, sottolineano come le autorità romane si limitarono a rispondere a delle denunce, senza pronunciare una condanna esplicita dell'evoluzionismo; resta però indiscutibile che la Congregazione dell'Indice dimostrò un'evidente avversione verso l'ipotesi evoluzionista, specie nel caso fosse applicata all'origine del corpo umano[41]. Tale avversione si appoggiava sul fatto che «l'evoluzionismo era considerato da molti teologi cattolici come un'ideologia materialista e agnostica basata su una teoria scientifica che non aveva una base sicura»[42]. Secondo questi tre studiosi, anche per evitare un nuovo caso Galilei, la linea prevalente fu quella di cercare di negare che l'evoluzionismo fosse una vera e fondata teoria scientifica.

Anche in virtù dei casi che abbiamo esaminato, e nonostante non ci fossero state pubbliche condanne dell'Indice (eccetto il caso di Caverni), i manuali di teologia dell'ultima parte del XIX secolo e poi di almeno la prima metà del secolo XX continuarono a sostenere tesi contrarie all'ipotesi evoluzionista, in particolare affermando che Dio aveva formato direttamente il corpo di Adamo senza nessun intermediario (tesi ritenuta in genere come «dottrina certa» o «comune»)[43].

[41] Cfr. *Negotiating Darwin*, pp. 270-283.

[42] *Ibidem*, p. 279.

[43] Cfr. alcuni esempi di manuali in M. Artigas - R. Martínez, *La iglesia y el evolucionismo*, 38-39, nota 1 e in C. Molari, *La teologia cattolica*, pp. 226-227, nota 30.

III.

La crisi modernista

Il problema dell'evoluzionismo non fu centrale durante le polemiche passate poi alla storia come il problema del «modernismo». Questo episodio, però, riguardava la stessa area problematica, che abbiamo appena visto per gli autori degli ultimi anni del XIX secolo: trovare cioè il giusto modo di far dialogare la fede cristiana con la cultura moderna e in particolare con i risultati delle scienze sperimentali.

Nella crisi modernista l'evoluzionismo apparve specie in relazione all'interpretazione di quei passi della Scrittura che raccontano le origini dell'umanità e che nel loro senso letterale certamente non si potevano comporre con le ipotesi dell'evoluzionismo. Il problema esegetico era del resto latente nei primi tentativi di rendere conciliabile la teoria darwiniana con la fede cristiana.

1. Alcuni autori coinvolti

Si può citare innanzi tutto il caso di uno dei maggiori esponenti del modernismo, Alfred Loisy (1857-1940), che già nel 1893 fu privato – almeno stando al suo racconto – della cattedra di esegesi biblica dell'Institut Catholique di Parigi per aver sostenuto che il Pentateuco così come lo leggiamo oggi non può essere stato scritto da Mosè e che i primi capitoli di Genesi «non contengono una storia esatta e reale delle origini dell'umanità. I libri dell'Antico Testamento nel loro insieme e le diverse parti di ciascun libro non presentano il medesimo carattere storico»[1]. Anche altri autori furono accusati di modernismo per motivi che sono legati all'interpretazione dei racconti biblici delle origini[2]; ne ricordiamo qui due.

Il can. Francesco De Felice (1862-1929), docente nel seminario di Capua, segretario del card. Alfonso Capecelatro, fu accusato di modernismo nel 1908 anche per la sua amicizia con il Fogazzaro (che aveva sostenuto l'evoluzionismo, cfr. sopra) e per le sue simpatie per le teorie evoluzioniste[3].

Don Salvatore Minocchi (1869-1943), sacerdote di Firenze e fondatore della rivista *Studi Religiosi*, fu minacciato dalla curia della sua diocesi di sospensione *a divinis* per aver sostenuto in una conferenza del gennaio 1908 e non aver voluto ritrattare la posizione per cui «dietro le scoperte geologiche, antropologiche e storiche non era più possibile dare il valore di storia propriamente detta al II

[1] Cfr. C. Molari, *La teologia cattolica*, pp. 236-237. Il testo è tratto da A. Loisy, *Intorno a un piccolo libro*, trad. italiana sulla seconda edizione del 1904, Ubaldini, Roma 1975, p. 197. Per le difficoltà che Loisy ebbe a proposito delle sue proposte esegetiche cfr. più ampiamente in M. Guasco, *Modernismo. I fatti, le idee, i personaggi* (Universo teologia, 40), San Paolo, Cinisello Balsamo (MI) 1995, pp. 44-53.

[2] Su questi casi cfr. C. Molari, *La teologia cattolica*, pp. 237-239. Cfr. anche (con informazioni meno precise) L. Bedeschi, *L'antimodernismo in Italia. Accusatori, polemisti, fanatici*, San Paolo, Cinisello Balsamo (MI) 2000, pp. 95-97.

[3] Sulla sua vicenda cfr. L. Bedeschi, *La Curia romana durante la crisi modernista*, Guanda, Parma 1968, pp. 26-30.

e III capitolo del Genesi». Nell'ottobre dello stesso anno Minocchi lasciò il sacerdozio[4].

Diverso dai due precedenti fu il caso del filosofo Henri Bergson (1859-1941): ebbe molta eco nel mondo cattolico la sua opera del 1907 *L'évolution créatrice*, che di per sé non difendeva la teoria darwiniana, ma proponeva un'interpretazione spirituale del processo evolutivo, animato da un impulso vitale che è all'origine di tutte le cose e che è qualcosa di più grande di una semplice forza fisica o biologica. Per Bergson era Dio stesso la forza vitale primitiva. La notevole diffusione delle sue tesi nel mondo cattolico e in particolare tra gli ambienti modernisti allarmò comunque la Curia romana e il suo libro fu messo all'Indice (insieme ad altre due sue opere) il 1° giugno 1914.

2. Gli interventi della Pontificia Commissione Biblica

Sulla storicità dei racconti biblici della creazione intervenne in questi anni la Pontificia Commissione Biblica, che

[4] Sul caso di don Minocchi cfr. A. Agnoletto, *Salvatore Minocchi. Vita e opera (1869-1943)* (Biblioteca di storia contemporanea, 22), Morcelliana, Brescia 1964, dove alle pp. 149-168.174-183 si ricostruiscono gli eventi che portarono alla sua sospensione *a divinis* e si analizzano le sue posizioni esegetiche (che dipendevano soprattutto dagli scritti di Lagrange): Minocchi non accettava che il racconto di Gen fosse esposto in termini scientifici, né riteneva storico il paradiso terrestre. Commentando il suo rifiuto di accettare la censura che gli veniva dall'autorità ecclesiastica, scrisse: «lascio l'abito clericale; e perché, in nome della mia coscienza, reclamo piena libertà di pensiero scientifico e sociale, prendo quello di ogni altro cittadino [...] io non fo all'Autorità veruna dedizione de' miei ideali di un rinnovato cattolicismo, sinceramente riconciliato con la scienza e con le libertà popolari» (riportato a p. 183); cfr. anche Id., voce *Minocchi, Salvatore*, in *Dizionario storico del movimento cattolico in Italia, 1860-1980*, vol. 2: *I protagonisti*, Marietti, Casale Monferrato (AL) 1982, pp. 388-391; C. Bellò, *Modernismo italiano*, Ares, Milano 1967, pp. 61-62.94-95. Per conoscere il pensiero di Minocchi sono fondamentali le sue *Memorie di un modernista*, che sono la seconda versione della sua autobiografia, pubblicata da Vallecchi, Firenze 1974. Fu professore di lingua e letteratura ebraica all'università di Firenze (1901-1909) e poi di Pisa (1909-1922); lasciato il sacerdozio, si sposò civilmente «sul Vangelo» con Flavia Corradina Cialdina nel 1911.

era stata creata da Leone XIII nel 1902 non solo per promuovere gli studi biblici, ma anche per tutelare la Scrittura dall'uso errato dei metodi critici e per risolvere le questioni che emergevano in quegli anni[5]. Per capire la portata dei pronunciamenti che stiamo per esaminare nell'ottica del dialogo tra fede nella creazione e ipotesi evoluzionistica, è bene ricordare che in quegli anni era ancora normale che i testi della Scrittura venissero utilizzati per fissare la datazione della creazione, dell'origine del mondo, del diluvio e via dicendo. Sono due gli interventi della Pontificia Commissione Biblica che ci interessano e si collocano sotto il pontificato di san Pio X (1903-1914).

Il primo fu un intervento del 23.6.1905 (cfr. DH 3373), dove si afferma che non è accettabile il criterio esegetico per cui «i libri della sacra Scrittura considerati storici, nella loro totalità o in qualche loro parte, talvolta non riferiscano la storia propriamente detta e oggettivamente vera, ma presentano solamente l'apparenza della storia per significare qualcosa di differente rispetto al senso propriamente letterale o storico delle parole». La risposta che la Commissione dà con l'approvazione del Papa precisa che questo criterio non può essere seguito, «eccetto il caso, che non si deve ammettere facilmente o con leggerezza, nel quale, senza opporsi al senso della Chiesa e salvo sempre il suo giudizio, si provi con solidi argomenti che l'agiografo non intese offrire una storia vera e propriamente detta, ma sotto il genere e la forma di storia, intese proporre una parabola o una allegoria o qualche altro significato diverso dal senso propriamente letterale o storico delle parole».

Il secondo intervento, del 30.6.1909 (cfr. DH 3512-3519)[6], affrontava direttamente la questione del carattere

[5] Cfr. ASS 35 (1902-1903) 234-238.

[6] Questa risposta della Pontificia Commissione Biblica era stata preceduta da altre che toccavano argomenti correlati: quella del 27.6.1906 sull'autenticità mosaica del Pentateuco (cfr. DH 3394-3397), dove si ribadiva che Mosè è l'autore

storico dei primi capitoli di Genesi. Le prime domande cui la Commissione rispondeva trattavano proprio dei tentativi che si stavano facendo in quegli anni per cercare di conciliare i dati della scienza con la narrazione biblica della creazione:

Domanda 1: I diversi sistemi esegetici che sono stati escogitati e sono sostenuti da un'apparente scientificità per escludere il senso storico letterale dei tre primi capitoli del libro della Genesi, sono solidamente fondati?

Risposta: No.

Domanda 2: Nonostante il carattere e il genere storico del libro della Genesi, il particolare legame dei primi tre capitoli tra essi e con i capitoli seguenti, la molteplice testimonianza delle Scritture, tanto dell'Antico che del Nuovo Testamento, il pensiero quasi unanime dei Padri e l'opinione tradizionale, trasmessa dal popolo di Israele e sempre mantenuta dalla Chiesa, si può insegnare che questi primi tre capitoli della Genesi contengono non narrazioni di avvenimenti veramente accaduti, cioè rispondenti alla realtà oggettiva e alla verità storica, ma contengono o favole ricavate da mitologie e cosmogonie di antichi popoli e adattate dall'autore sacro alla dottrina monoteistica grazie all'eliminazione di ogni errore politeistico, o allegorie e simboli senza alcun fondamento nella realtà oggettiva, proposti sottoforma di storia per inculcare verità religiose o filosofiche, o, infine, leggende in parte storiche e in parte fittizie composte liberamente per l'istruzione e l'edificazione degli spiriti?

Risposta: No per entrambe le parti.

Domanda 3: Si può, in particolare, mettere in dubbio il senso storico letterale in quei capitoli in cui si tratta di fatti che toc-

principale e ispirato dei libri del Pentateuco; quella del 29.5.1907 (cfr. DH 3398-3400) sull'autore e la verità storica del quarto Vangelo, dove si diceva che Giovanni e nessun altro è l'autore del quarto Vangelo e che i discorsi di Gesù in esso contenuti non sono composizioni teologiche dello scrittore ma sono «veramente e propriamente discorsi dello stesso Signore»; e quella del 29.6.1908 (cfr. DH 3505-3509) sul carattere e autore del libro di Isaia, dove tra le altre cose si diceva che il profeta Isaia è l'autore di tutte le parti del libro a lui attribuito.

cano i fondamenti della religione cristiana: tali sono, tra gli altri, la creazione di tutte le cose operata da Dio all'inizio del tempo; la particolare creazione dell'uomo; la formazione della prima donna dal primo uomo; l'unità del genere umano; la felicità originale dei progenitori nello stato di giustizia, integrità e immortalità; l'ordine dato da Dio all'uomo per mettere alla prova la sua obbedienza; la trasgressione dell'ordine divino per istigazione del diavolo sotto l'apparenza di un serpente; la perdita dei progenitori di quel primitivo stato d'innocenza; e la promessa di un Redentore futuro?

Risposta: No.

Si precisava però che questi principi non volevano far concludere la necessità di prendere alla lettera le espressioni che in quei primi capitoli di Genesi sono «utilizzate in senso manifestamente improprio, metaforico o antropomorfico»; alcuni passi possono essere interpretati, come già hanno fatto i Padri, con un'interpretazione allegorica e profetica. In particolare si diceva che il termine «giorno» utilizzato in Gen 1 poteva essere inteso «sia nel senso proprio di giorno naturale, sia nel senso improprio di un certo spazio di tempo». Si riprendeva infine una distinzione già proposta da Leone XIII in un passo dell'enciclica *Providentissimus Deus* (cfr. DH 3288): in Gen 1 è necessario distinguere tra un linguaggio scientifico e un linguaggio popolare, conforme al linguaggio comune dei contemporanei dell'autore ispirato.

Come si vede, questi interventi non toccavano direttamente la questione dell'evoluzionismo, ma andavano a indagare la questione esegetica che era sottesa ai tentativi di conciliazione tra fede nella creazione e ipotesi evoluzioniste. La preoccupazione fondamentale, da inserire nell'atmosfera della crisi modernista (il secondo intervento è successivo agli interventi con cui Pio X aveva condannato il modernismo nel 1907), era quella di salvaguardare la storicità fondamentale del racconto biblico e il suo senso letterale, anche se ci si rendeva conto che tutte le questioni esegetiche non potevano essere risolte con il mero appello al senso letterale. Indirettamente, però, quanto veniva affermato negando le tesi espresse nella terza domanda condannava una spiegazione evoluzionista dell'origine dell'umanità, che non poteva certo accettare che l'apparizione dell'uomo sulla terra fosse avvenuta come narrava il testo di Genesi; da notare, però, che non si diceva nulla sulle altre specie viventi, si affrontava solo il caso della particolare creazione dell'uomo. È vero che di per sé la «peculiaris creatio» che veniva affermata per l'uomo avrebbe anche potuto significare solo che, essendoci nel caso dell'uomo l'intervento di Dio per la creazione immediata dell'anima, la formazione dell'uomo nel suo insieme era particolare rispetto a quella delle altre creature; ma «la maggioranza dei teologi intese il decreto nel senso più ovvio, come relativo all'origine del corpo umano "de limo terrae"»[7] e questa posizione di chiusura nei confronti dell'evoluzionismo passò nei manuali di teologia.

Un accenno perlomeno indiretto all'evoluzionismo lo si può infine trovare nel decreto del Sant'Uffizio *Lamentabili* (3.7.1907), confermato da Pio X, dove tra i vari errori modernisti che vengono condannati si trova anche questa affermazione:

> 64. Il progresso delle scienze richiede una riforma del concetto che la dottrina cristiana ha di Dio, della Creazione, della Rivelazione, della Persona del Verbo Incarnato e della Redenzione (DH 3464).

3. Un primo bilancio

Si può dire che gli interventi legati alla crisi modernista concludano una prima fase della storia del tentativo di

[7] C. Colombo, *Trasformismo antropologico e teologia*, in *La Scuola Cattolica* 77 (1949) 18.

far dialogare la fede cristiana nella creazione e le ipotesi scientifiche dell'evoluzionismo darwiniano.

Questo primo momento dell'incontro tra queste due spiegazioni dell'origine delle specie viventi, e in particolare dell'uomo, conobbe come nodo di fondo la questione esegetica. La storicità del racconto biblico, e quel suo senso letterale che era il modo comune e unanime di leggere il racconto della creazione, impedì a molti di accettare la teoria evoluzionista. L'autorità della Sacra Scrittura sembrava già da sola porre fine a ogni pretesa ragione che potesse accampare l'ipotesi darwiniana; in quest'ottica possiamo anche comprendere la linea de *La Civiltà Cattolica* che, come abbiamo visto, ebbe un grande ruolo nel sostenere una posizione contraria all'evoluzionismo. Solo con la *Providentissimus Deus* di Leone XIII e le risposte della Pontificia Commissione Biblica del primo decennio del XX secolo si iniziò ad affrontare più ampiamente la questione; questi ultimi interventi, però, furono condizionati dalla lotta contro il modernismo[8] e di fatto non permettevano di andare oltre il senso storico letterale. La problematica esegetica dovrà ancora attendere vari anni per trovare una nuova impostazione.

Le ipotesi avanzate da Darwin e dai suoi seguaci andavano contro una linea costante e indiscussa della precedente tradizione teologica (e per di più in alcuni casi furono avanzate in toni materialisti e antireligiosi, toni che – come abbiamo visto – furono più volte sottolineati dai cattolici che avversavano le nuove teorie). La teologia manualistica del tempo era molto basata sulle affermazioni delle «autorità», le cui affermazioni venivano considerate come argomenti probanti per presentare le «tesi» dei manuali. Ovviamente la tradizione teologica precedente andava in

[8] Tale lotta provocò anche – com'è noto – molte condanne e censure per i testi di quegli esegeti che avevano cercato di superare un'incomprensione tra teologi e scienziati quando si trattava di interpretare i primi capitoli di Gen.

una linea che accettava senza problemi il fissismo delle specie ed era ripresa da chi, come abbiamo visto nel caso dei consultori della Congregazione dell'Indice, doveva giudicare dei nuovi tentativi teologici.

L'aspetto più problematico da accettare era comprensibilmente quello che riguardava l'origine dell'uomo (sia del suo corpo che della sua anima). L'ipotesi evoluzionista, oltre a contraddire il senso storico letterale del racconto biblico della creazione, non poteva contemplare che l'uomo fosse una specie vivente particolare, addirittura creata «a immagine e somiglianza di Dio». Abbiamo visto come uno dei punti di discussione fosse se almeno si potesse ammettere che il corpo umano fosse derivato da un precedente processo evolutivo, come succede per i corpi degli animali. Era facile per gli avversari delle nuove teorie dire che accettare l'evoluzionismo significava ammettere che l'uomo discendeva dalla scimmia. Qualcuno, invece, accettò quello che venne chiamato «trasformismo moderato», cioè si ammetteva la validità della spiegazione evoluzionista solo per le specie inferiori mentre nel caso dell'uomo si affermava un diretto intervento di Dio, soprattutto per l'infusione dell'anima.

Da notare, infine, che – forse per evitare un nuovo caso Galilei, come qualcuno ha ipotizzato[9] – i tentativi di conciliare fede nella creazione e teoria dell'evoluzione furono combattuti dicendo che l'evoluzionismo non dava problemi alla teologia semplicemente perché era una teoria inaccettabile dal punto di vista scientifico e su quel piano andava contrastata. Qui, però, c'è probabilmente anche un altro fattore, che spiega come mai ci si «difese» dall'evoluzionismo accusandolo di non essere scientifico[10]: la teologia precedente era abituata a costruire una teodicea servendosi di un paradigma scientifico che era legato al

[9] Cfr. sopra alla pagina 46.
[10] Cfr. H.W. Paul, *Religion and Darwinism*, pp. 412-413.

tomismo (proprio quel tomismo che Leone XIII cercò di rimettere in auge nel 1879 con l'*Aeterni Patris*; e abbiamo visto come si comportò la Congregazione dell'Indice sotto Leone XIII); le nuove teorie biologiche darwiniane erano semplicemente diverse dalla scienza biologica a cui si riferiva il tomismo e si prestavano molto meno a conclusioni teleologiche: la soluzione più facile per la teologia era quella di dire che queste nuove teorie non erano veramente scientifiche...!

IV.

I nuovi tentativi della prima parte del XX secolo

Gli interventi durante la crisi modernista fecero sì che per alcuni decenni non si riaffrontasse ufficialmente la questione della conciliabilità tra evoluzionismo e creazione. Ciononostante, continuarono i tentativi teologici per approfondire il rapporto, che assunsero via via un atteggiamento più aperto verso l'evoluzionismo.

1. Alcune posizioni innovative

Possiamo ricordare innanzi tutto alcuni autori le cui posizioni si differenziano da quelle dei manuali di teologia, che rimangono comunemente contrari all'evoluzione.

Henri de Dorlodot[1], canonico di Namur (Belgio), propose una conciliazione tra la teoria evoluzionista e il

[1] Sul suo caso le notizie che dà Molari sono insufficienti e vanno integrate con gli studi più recenti, in particolare con R. De Bont, *Rome and Theistic Evolutionism: The Hidden Strategies behind the «Dorlodot Affair», 1920-1926*, in *Annals of Science* 62 (2005) 457-478, che si basa sullo studio di materiale archivistico conservato all'Università di Lovanio e tiene conto anche di C. Knop, *De Receptie van het Darwinisme aan de Leuvense Universiteit (1918-1955)*, Louvain 1987 (tesi di licenza inedita) e di M.C. Groessens-van Dyck, *Une théorie iconoclaste fait son entrée à Louvain: de Dorlodot et le darwinisme*, in P. Radelet-de Grave - B. Van Tiggelen (a cura di), *Sedes Scientiae. L'émergence de la recherche à l'Université. Contributions au Séminaire d'histoire de sciences 2000-2001*, Brepols, Turnhout 2003, pp. 217-246. Cfr. anche H.W. Paul, *The Edge of Contingency*, pp. 93-97.

cattolicesimo attraverso una particolare forma di evoluzionismo teistico. All'inizio della sua attività di docente entrò in contatto con le opere di fine Ottocento che proponevano in modo pionieristico un evoluzionismo teistico, che egli sostenne nei corsi di teologia che teneva al Seminario maggiore di Namur; divenne poi titolare del corso di cosmologia all'Istituto Superiore di Filosofia, ma da lì – per contrasti con le autorità universitarie – fu trasferito nella Facoltà di Scienze dell'Università di Lovanio[2], dove tenne corsi di geologia e paleontologia, continuando a insegnare, questa volta però da un punto di vista scientifico e non più teologico, la teoria evoluzionista.

Avendo una buona reputazione di studioso fu invitato nel 1909 a Cambridge per rappresentare la sua università alle celebrazioni del centenario della nascita di Darwin e del cinquantesimo della sua opera sull'origine della specie; la sua relazione favorevole all'evoluzionismo e fatta a nome dell'Università cattolica di Lovanio destò stupore e approvazione in Inghilterra, ma varie critiche in Belgio. Per chiarire la sua posizione, Dorlodot durante la prima guerra mondiale tenne una serie di conferenze ai suoi colleghi di Lovanio; le prime due conferenze furono pubblicate come libro nel 1918[3]. Una seconda edizione aumentata apparve nel 1921 e fu questa ad attirare l'attenzione su Dorlodot, anche a causa della sua traduzione in inglese[4].

[2] Per come l'Università di Lovanio visse la crisi modernista e tentò una strada di conciliazione tra scienza e fede e sulle altre figure di studiosi che vi sostennero l'evoluzionismo cfr. R. De Bont, *Rome and Theistic Evolutionism*, 462-465.

[3] Cfr. *Le Darwinisme au point de vue de l'orthodoxie catholique. Conférences faites devant le corps professoral de l'Université catholique de Louvain*, Louvain 1913 (la data della pubblicazione fu retrodata dal 1918 al 1913 per evitare la censura tedesca, cfr. R. De Bont, *Rome and Theistic Evolutionism*, 466).

[4] Cfr. *Le Darwinisme au point de vue de l'orthodoxie catholique*, Bruxelles 1921, e: *Darwinism and Catholic Thought*, London 1922. La traduzione in inglese fu opera di Messenger, cfr. dopo alla nota 12.

Il rettore dell'Università di Lovanio, Paulin Ladeuze, convinto che a Roma fosse passato il tempo dell'opposizione alle teorie evoluzioniste, incoraggiò le due edizioni e diede l'imprimatur. L'opera di Dorlodot non affrontava gli aspetti scientifici dell'evoluzionismo, ma voleva sostenere che il darwinismo era perfettamente conciliabile con l'ortodossia cattolica. Egli sosteneva che la Bibbia non poteva essere usata come fonte per avere delle informazioni scientifiche e che l'evoluzionismo fosse già accettato dai Padri, in particolare da Agostino; se non era accettabile un evoluzionismo che sostenesse la spontanea generazione della vita, bastava «cristianizzare» il darwinismo introducendo come molto probabile un intervento diretto di Dio all'origine della vita e così il darwinismo altro non era che una forma di naturalismo cristiano.

Nelle recensioni dell'opera di Dorlodot si sostenne talvolta che la Chiesa cattolica aveva ormai superato la stagione della condanna dell'evoluzionismo; forse proprio a causa di ciò già nel 1923 iniziarono ad arrivare delle richieste di chiarimenti e di ritrattazione da parte di vari personaggi della Curia romana (le prime furono quelle di Laurent Janssens osb [1855-1925] e del card. Willem van Rossum cssr [1854-1932], rispettivamente segretario e presidente della Pontificia Commissione Biblica[5]). Senza seguire ora la complessa vicenda di come Dorlodot fu accusato e cercò di difendersi[6], il caso terminò praticamente con un nulla di fatto alla fine del 1925: Dorlodot rifiutò di ritrattare le sue opinioni, ma per il

[5] Occorre ricordare che erano passati appena 14 anni da quell'intervento del 1909 che abbiamo più sopra riportato.

[6] Cfr. l'ampia ricostruzione basata su materiale archivistico di R. De Bont, *Rome and Theistic Evolutionism*, 469-475. Il caso di Dorlodot arrivò anche direttamente a Pio XI tramite un docente della Gregoriana, Arthur Vermeersch sj (1858-1936), il quale riferì che Pio XI disse che la problematica gli interessava molto, avendo egli anche scritto su quell'argomento quando era giovane, e che pensava che i diversi sistemi fino ad allora escogitati per spiegare l'origine dell'uomo non fossero ancora soddisfacenti; Pio XI rifiutò però di leggere il libro di Dorlodot.

resto della sua vita (morì nel 1929) non diede più conferenze sull'argomento né pubblicò il secondo volume sull'evoluzionismo che aveva annunziato e che avrebbe dovuto trattare il problema dell'origine dell'uomo; non fu ufficialmente condannato da Roma né il suo libro venne ritirato, e neppure Ladeuze, il rettore dell'Università di Lovanio, ebbe delle conseguenze per aver dato il suo imprimatur.

In secondo luogo possiamo citare il domenicano Antonin Dalmace Sertillanges (1863-1948), esponente di spicco della scuola storica di Le Saulchoir, ricercatore del pensiero genuino di Tommaso d'Aquino, che approfondì il concetto di creazione, sottolineando che la creazione non è tanto un'azione o la produzione di qualcosa che prima non c'era, ma una relazione, che indica «la dipendenza stessa dell'essere creato in rapporto al suo principio»[7]. Nel caso dell'uomo non si deve dire che l'anima è stata creata da Dio, quanto piuttosto che tutto l'uomo è stato creato con una particolare relazione con Dio. L'evoluzione biologica non rappresenta secondo il domenicano francese un vero problema: l'idea di evoluzione non è alternativa a quella di creazione, essa tratta «dei rapporti temporali degli esseri gli uni nei confronti degli altri [...]. L'idea di creazione risponde ad altra problematica [...]. L'evoluzione è un problema di avanti e di indietro, la creazione è un problema di fondamento»[8].

Anche a un pubblico di non specialisti è poi ben noto il nome di Pierre Teilhard de Chardin (1881-1955), gesuita, che pose tra le idee principali del suo pensiero

[7] Cfr. soprattutto un'opera della sua maturità: *L'idée de création et ses retentissements en philosophie*, Aubier, Paris 1945 [stampa 1949], specie cap. 7 e 8 alle pp. 127-160. La citazione è di Tommaso d'Aquino, *Contra Gentiles* II c. 18.

[8] A.D. Sertillanges, nel commento a *Somme Théologique. La création (I qq. 44-49)*, Desclée, Paris-Tournai-Rome 1927, pp. 251-252; trad. italiana da C. Molari, *La teologia cattolica*, p. 247.

proprio quella dell'evoluzione[9]. Senza voler entrare qui nelle polemiche che scaturirono dalle proposte teologiche di Teilhard (che per quanto riguarda la sua accettazione dell'evoluzionismo vertevano soprattutto sul negare il dogma del peccato originale), lo possiamo citare soprattutto come l'autore cattolico che più ha cercato di utilizzare il concetto di evoluzione all'interno della teologia, facendolo diventare il perno di una visione unitaria della fede. Per lui l'evoluzionismo è ben di più di una semplice ipotesi della biologia dell'Ottocento: «è la condizione stessa di ogni pensiero scientifico e diventa un centro di polimerizzazione per la mente umana, perché ormai (indipendentemente dalle dispute tra geologi sul suo meccanismo e sulle sue modalità) l'evoluzione invade tutto, mobilita tutto, compresa la fisica, dominando tutta la cosmologia»[10].

Tutto il cosmo secondo Teilhard è finalizzato verso un punto evolutivo finale: in questo processo evolutivo l'umanità emerge esattamente come qualsiasi altra specie, scrive nel suo *Fenomeno umano*, e i dati della paleontologia fanno escludere che la sua origine sia stata

[9] Per approfondire la posizione di Teilhard sull'evoluzionismo cfr. ad es. tra le pubblicazioni più recenti R. Gibellini, *Teilhard de Chardin. L'opera e le interpretazioni* (Gdt 25), Queriniana, Brescia 1981², pp. 197-222; J. Arnould, *La Chiesa e la storia della natura*, pp. 52-63; P. Poupard, *Un monde en évolution: foi, science et théologie*, in *La Documentation Catholique* 102 (2005) 186-192; G. Martelet, *E se Teilhard dicesse il vero...*, Jaca Book, Milano 2007 [2006], pp. 13-20.31-38; F. Mantovani, *Dizionario delle opere di Teilhard de Chardin*, Il Segno dei Gabrielli, Negarine di San Pietro in Cariano (VR) 2006, pp. 372-373 (i passi indicati qui alle voci *Evoluzione* e *Evoluzionismo* dell'indice analitico); cfr. anche quanto si scrive a p. 1: «Tutti i tredici volumi delle opere furono pubblicati dopo la sua morte, perché le autorità religiose ritenevano che egli avesse dato una certa importanza al darwinismo e che, di conseguenza, le sue tesi filosofico-teologiche fossero azzardate, oltre che ambigue sul piano dottrinale. Dopo mezzo secolo, la posizione del Magistero sulle teorie evolutive è più aperta, mentre la teologia è andata ben al di là delle proposizioni avanzate da Teilhard de Chardin».

[10] Così si è espresso Claude Cuénot, amico e conoscitore del pensiero del gesuita francese; citato in J. Arnould, *La Chiesa e la storia della natura*, p. 57.

monogenetica, l'umanità è emersa per vie diverse da uno stesso gruppo animale preesistente. A livello esegetico va quindi abbandonata la figura di un Adamo individuale e l'idea di una caduta originale di una singola coppia. L'umanità ha un posto particolare nell'evoluzione dell'universo: ne è al centro, viene dopo la tappa della materia (la pre-vita, soggetta alla legge della complessificazione) e della vita (a partire dalla cellula e dai primi microorganismi), rappresenta la vita giunta allo stato della coscienza, del pensiero; l'uomo è quindi l'evoluzione diventata cosciente di se stessa. Dopo ci sarà solo il culmine del processo evolutivo, da Teilhard chiamato punto Omega, che coincide con il Cristo cosmico che dà il senso a tutta l'evoluzione dell'universo. Non solo quindi va accettata l'ipotesi evoluzionista, ma essa è per lui solo il caso particolare di una legge universale; che ovviamente secondo lui non andava inteso in senso materialista. Scriveva nel 1936:

> Sono persuaso che l'interpretazione esatta delle acquisizioni nuove della scienza e del Pensiero conduce non a un evoluzionismo materialista ma a un evoluzionismo spiritualista. Il mondo che noi conosciamo non si sviluppa per caso, ma è dominato da un centro personale di convergenza universale[11].

Accanto a questi teologi più disposti ad accettare con convinzione la spiegazione evoluzionista, c'era chi si manteneva più prudentemente dubbioso: è il caso per esempio di Ernest Charles Messenger (1888-1952), che in un'opera del 1932, dedicata a studiare il problema dell'origine dell'uomo, conclude che, pur potendosi dire che Dio abbia formato il corpo umano per evoluzione, deve restare il dubbio se ciò effettivamente accadde; tale dubbio è dovuto da una parte all'atteggiamento del Magistero sull'ipotesi

[11] *Quelques réflexions sur la conversion du monde*, in *Science et Christ*, Seuil, Paris 1965, p. 162; trad. italiana da C. Molari, *La teologia cattolica*, p. 249.

evoluzionista e dall'altra all'atteggiamento contrario al trasformismo espresso dalla maggioranza dei teologi[12].

2. Continuano le resistenze

Continuava poi la linea di coloro che, con varie sfumature, erano contrari ad accettare l'evoluzionismo. Secondo Molari, in questo periodo «alcuni negano ogni evoluzione in quanto contraria alla narrazione biblica. Altri l'ammettono per i vegetali e per gli animali ma non per l'uomo in quanto assurda e contraria ai principi della fede»[13]. Possiamo vedere a titolo di esempio tre autori che sono contrari alla conciliabilità dell'evoluzionismo con la fede cristiana.

Il gesuita Charles Boyer (1884-1980), docente alla Gregoriana di Roma, nella seconda edizione del 1933 del suo trattato sulla creazione[14] si pone la questione se l'uomo per quanto riguarda il corpo sia stato creato immediatamente da Dio e vi dedica una lunga trattazione (alle pp. 181-210). Dopo aver presentato le varie varianti di quello che chiama trasformismo, presenta questa tesi:

[12] Sul caso di Messenger cfr. C. Molari, *La teologia cattolica*, p. 250; C. Colombo, *Trasformismo antropologico e teologia*, 19; l'opera cui qui ci si riferisce è *Evolution and Theology. The Problem of Man's Origin,* MacMillan, New York 1932, in modo particolare la sua conclusione a p. 280. Anni dopo Messenger apparirà un convinto assertore dell'evoluzionismo, come appare dalla sua introduzione all'opera collettiva *Theology and Evolution; a sequel to Evolution and theology*, Newmann Press, Westminster, Mar. 1952. Messenger fu anche il traduttore americano dell'opera di Dorlodot *Darwinisme et catholicisme* (cfr. *Darwinism and Catholic thought*, Burns, Oates and Washbourne, London 1922). Per una presentazione più dettagliata della sua opera del 1932, dove in fondo proponeva un evoluzionismo teista (cioè un processo evolutivo che si svolge secondo un piano che Dio ha iscritto nella natura) cfr. J. McCarthy, *Theistic Evolution: a Vain Search for Spontaneous Generation*, in *Living Tradition* n. 64 (May 1996) = www.rtforum.org/lt/lt64.html (08/01/2009).

[13] *La teologia cattolica*, p. 251.

[14] Cfr. *Tractatus de Deo creante et elevante*, editio altera emendata et aucta, apud Aedes Universitatis Gregorianae, Romae 1933.

Deus plasmavit corpus primi hominis ex materia anorganica, non ex corpore bruti, ita ut corpus Adami non mediate, seu per evolutionem brutorum, sed immediate a Deo, seu per divinam operationem materiae transmutativam, formatum sit (p. 188).

E commenta: sarebbe eretico dire che tutto l'uomo deriva da una vita animale, ma è «valde temerarius» chi dice che nella formazione del corpo di Adamo avviene, rispetto al corpo dell'animale, solo la disposizione prodotta dall'anima, o chi dice che il corpo animale sia stato la materia da cui Dio ha formato il corpo umano. La prova di ciò sta per Boyer in Gen 2,7, dove si parla appunto di materia inorganica (la polvere della terra) da cui Dio trae il corpo umano; quel versetto non si può interpretare come se tutto ciò che viene affermato sia da intendere in modo figurato, perché è chiaro che in quel brano l'autore sacro non vuole solo parlare di una generica creazione dell'uomo da parte di Dio, ma per Boyer vuole insegnarci qualcosa anche sul modo con cui Dio ha formato il primo uomo. Del resto, continua Boyer, i Padri hanno sempre interpretato il racconto di Genesi nel senso letterale e ovvio. La sua conclusione sull'evoluzionismo applicato al caso dell'uomo non lascia spazi a dubbi:

Transformismus anthropologicus, si scientifice (biologice, paleontologice) consideretur, non est nisi *hypothesis* multis difficultatibus obnoxia; a philosophia parum suadetur, quantumvis ab omni materialismo et sensismo expurgetur; verbis Scripturae et Patrum non videtur posse accomodari; nonnullis veritatibus fundamentalibus fidei difficillime aptatur: ergo non est admittendus (pp. 209-210).

Il domenicano François Ceuppens (1888-1957) in un articolo del 1947[15] critica il poligenismo innanzi tutto perché non è una dottrina scientificamente sicura; nega poi che Gen 1-3 abbia un carattere solo mitico, ma accetta

[15] Cfr. P.F. Ceuppens, *Le Polygénisme et la Bible*, in *Angelicum* 24 (1947) 20-32. Per la sua posizione sull'evoluzionismo cfr. anche quanto scrive in *Questiones selectae ex historia primaeva*, Marietti, Torino - Roma 1948², pp. 166-174.

che il corpo dell'uomo possa essere frutto dell'evoluzione, pur dovendo sempre dire che l'anima è stata infusa da Dio nell'uomo; ma l'unità del genere umano va affermata, perché Paolo la insegna parlando della trasmissione del peccato originale in Rm 5,12-19; non si può quindi sostenere che il peccato originale sia stato commesso da un gruppo, è stato commesso dall'unica coppia di cui parla Gen e da cui deriva tutta l'umanità.

Infine il card. Ernesto Ruffini (1888-1967), che dal 1945 era arcivescovo di Palermo, pubblica nel 1948 (ma dice che l'opera era già quasi pronta nel 1937) un testo dove nell'introduzione scrive:

> Ho intrapreso questo lavoro per mostrare che l'Evoluzione, applicata agli esseri viventi, com'è sostenuta dai materialisti, non ha fondamento scientifico; e che, in particolare, il trasformismo umano – anche ristretto al solo corpo – non è accettabile[16].

Nella prima parte espone le teorie evoluzioniste dal punto di vista scientifico e nelle loro varie forme (evoluzionismo materialistico, assoluto, moderato ecc.) e conclude che dal punto di vista cristiano è da rigettare l'evoluzionismo materialista; si può accettare che siano accadute delle mutazioni all'interno della stessa specie e in ogni caso va affermata la creazione di tutte le cose da parte di Dio. Punto fermo di riferimento deve infatti essere il racconto di Genesi: esso non può essere interpretato nel senso storico-letterale stretto, il testo biblico ha uno scopo morale-religioso, vuol dirci che tutte le cose derivano da Dio ma non ha l'intenzione di darci una cosmogonia scientifica, non può quindi essere invocato per uno scontro con la scienza. Nella seconda parte affronta l'origine dell'uomo: di nuovo rigetta ogni spiegazione evoluzionistica che concluda a un'origine materialista dell'uomo, perché l'uomo ha l'anima spirituale; inoltre Ruffini ritiene

[16] Cfr. *La teoria dell'evoluzione secondo la scienza e la fede*, Orbis Catholicus, Roma 1948.

essere «verità di fede che la specie umana è unica e che tutti gli uomini derivano da una medesima coppia» (p. 123), dal momento che la presenza di varie razze umane si spiega tranquillamente per l'azione di fattori ambientali e che i ritrovamenti della paleontologia portano a concludere che l'uomo più antico di cui c'è traccia è già un uomo dotato di razionalità.

E che dire di chi, per trovare un accordo tra fede cattolica ed evoluzione, dice che il corpo è frutto di una lunga evoluzione e che l'anima invece proviene direttamente da Dio? Ruffini nota che chi ha proposto questa soluzione (Fogazzaro, Leroy, Zahm, Mivart ecc.) è stato richiamato dall'autorità ecclesiastica e che in ogni caso questa soluzione non è accettabile: contraddice il dato biblico (che presenta una particolare creazione dell'uomo anche per quanto riguarda il suo corpo, che è tratto direttamente dalla terra; così pure il corpo della donna è formato direttamente da Dio), l'opinione dei Padri (che egli analizza lungamente, anche in un'appendice dedicata ad Agostino e a Gregorio di Nissa) e dei teologi che hanno sempre parlato dell'origine da parte di Dio del corpo umano, e la filosofia (che non può accettare che il corpo del primo uomo sia stato prodotto da una bestia, perché ogni causa non può che produrre un effetto a sé uguale, e non un effetto superiore).

La preoccupazione di fondo resta quella di salvaguardare l'azione creatrice di Dio all'inizio del processo evolutivo e nel passaggio dalla materia alla vita, nonché il suo intervento per l'infusione dell'anima umana. «La maggioranza dei teologi cattolici fino agli anni '60 si mostra ancora guardinga e restia ad ammettere senza riserve l'evoluzione. Numerosi sono ancora coloro che considerano l'evoluzione contraria alla fede»[17] (come ad es. Garrigou-Lagrange, Sagüés, Schmaus).

[17] C. Molari, *La teologia cattolica*, p. 259.

Come abbiamo ormai visto più volte, un nodo di fondo era la questione esegetica del come interpretare i primi capitoli di Genesi. Dopo l'enciclica *Divino afflante Spiritu* di Pio XII (cfr. nel capitolo successivo), se continueranno a esserci dei biblisti che si oppongono alla conciliabilità dell'evoluzione con il senso del dato biblico, altri si esprimeranno per interpretazioni più libere del racconto dell'evoluzione in virtù dei generi letterari.

Sta di fatto che il clima sembra comunque mutato rispetto ai toni che avevamo incontrato nel documento della Pontificia Commissione Biblica del 1909. Non ci furono reiterazioni di azioni disciplinari vaticane contro dei teologi favorevoli all'evoluzionismo, come abbiamo visto alla fine del XIX secolo.

V.

Gli interventi magisteriali fino al Vaticano II

Abbiamo visto come gli interventi vaticani al tempo della crisi modernista non avessero affrontato direttamente la problematica dell'evoluzionismo, anche se le posizioni esegetiche espresse non potevano non influire per un atteggiamento molto guardingo verso l'accettazione della lettura dei primi capitoli di Genesi che l'ipotesi evoluzionistica portava a fare.

Nel periodo che va dagli interventi della Pontificia Commissione Biblica dell'inizio del XX secolo fino al Vaticano II, sono da ricordare innanzi tutto proprio altri interventi vaticani che riguardano il modo di leggere la Scrittura; ma compariranno anche i primi interventi esplicitamente sul tema dell'evoluzionismo.

1. Benedetto XV

Benedetto XV (1914-1922) nell'enciclica *Spiritus Paraclitus* del 15.9.1920 riprese alcune precedenti risposte della Pontificia Commissione Biblica relative ai racconti storici della Scrittura; pur ammettendo in linea generale ciò che specie in seguito verrà chiamato genere letterario, e che quindi l'autore sacro ispirato da Dio «abbia, secondo la propria possibilità e il proprio genio, dato libero contributo all'ispirazione divina» (DH 3650), invitava a essere molto guardinghi verso i nuovi metodi esegetici, in un modo che pur non citando esplicitamente il problema dell'evoluzionismo, tuttavia non poteva certo incoraggiare gli autori che più cercavano di conciliare le ipotesi scientifiche con la lettera del testo di Genesi:

> Noi approviamo l'intenzione di coloro che, desiderosi per sé e per gli altri, di liberare il testo sacro dalle sue difficoltà, ricercarono con l'appoggio di tutti i dati della scienza e della critica, nuovi modi e nuovi metodi per risolverle; ma essi falliranno miseramente nel loro intento, se trascureranno le direttive del nostro predecessore [Leone XIII, *Providentissimus Deus*] [...].
>
> Ora l'opinione di alcuni moderni non si preoccupa affatto di queste prescrizioni e di questi limiti: distinguendo nella Scrittura un duplice elemento, uno principale o religioso, e uno secondario o profano, essi accettano, sì, il fatto che l'ispirazione si riveli in tutte le proposizioni e anche in tutte le parole della Bibbia, ma ne restringono e ne limitano gli effetti, a partire dall'immunità dall'errore e dall'assoluta veracità, al solo elemento principale o religioso. Secondo loro, Dio non si preoccupa e non insegna personalmente nella Scrittura se non ciò che riguarda la religione: il resto ha rapporto con le scienze profane e non ha altra utilità, per la dottrina rivelata, che quella di servire da involucro esteriore alla verità divina. Dio soltanto permette che esso vi sia e l'abbandona alle deboli facoltà dello scrittore. [...]
>
> E non sono meno discordi dalla dottrina della Chiesa, confermata dall'autorità di san Gerolamo e degli altri Padri, quelli che ritengono che le parti storiche delle Scritture si appoggiano non sulla verità *assoluta* dei fatti, ma soltanto sulla loro verità *relativa*, come essi la chiamano, e sulla comune opinione popolare [...]. Come nell'ordine fisico gli scrittori sacri hanno parlato seguendo le apparenze, così – essi pretendono – quando si trattava di riportare avvenimenti non perfettamente noti, li hanno riferiti come apparivano fissati secondo l'opinione comune del popolo o le relazioni inesatte di altri testimoni; inoltre essi non hanno citato le fonti delle loro informazioni, e non hanno garantito personalmente le narrazioni attinte da altri autori. [...]
>
> [Alcuni] ricorrono con troppa facilità a quel sistema da essi definito delle citazioni implicite o delle narrazioni che sono storiche

soltanto apparentemente; o pretendono di scoprire nei Libri sacri procedimenti letterari inconciliabili con l'assoluta e perfetta veracità della parola divina; o professano sull'origine della Bibbia un'opinione che tende unicamente a scuotere l'autorità o addirittura ad annullarla (DH 3652-3654).

2. Pio XI

Durante il pontificato di Pio XI (1922-1939) non ci furono documenti ufficiali sugli studi biblici e sull'interpretazione di Genesi. Oltre a quanto abbiamo riportato più sopra (cfr. alla nota 6 di p. 59 e il fatto che il caso di Dorlodot, che capitò proprio all'inizio del suo pontificato, non terminò con una condanna), si ricordano però di lui alcuni segni che andavano verso una posizione più aperta: nel 1925 incoraggiò i paleontologi cristiani a proseguire i loro studi e si oppose a quanti nella Curia romana volevano giungere a una condanna totale dell'evoluzionismo. Si può in particolare ricordare una testimonianza riferita nel 1949 dal teologo milanese Carlo Colombo:

> Un autorevole teologo romano mi assicurava che sono state fatte pressioni presso S.S. Pio XI perché avesse a intervenire. Ma egli non volle, dichiarando: «Non dobbiamo chiudere una porta che forse dovremo essere costretti a riaprire. Di casi Galileo nella storia della Chiesa ne basta uno solo»[1].

Durante il suo pontificato va anche ricordata la sua attività di promotore degli studi ecclesiastici e della costruzione, specie a Roma, di numerosi seminari e centri di ricerca. Si può anche ricordare che Pio XI era stato in prima persona uno studioso, dottore e poi prefetto della Biblioteca Ambrosiana di Milano, e dal 1914 prefetto del-

[1] *Trasformismo antropologico e teologia*, in *La Scuola Cattolica* 77 (1949) 20, n. 9.

la Biblioteca Vaticana. È interessante notare in questo suo atteggiamento, che comunque non fu di condanna, una profonda trasformazione rispetto a quanto da giovane (aveva poco più di trent'anni) aveva scritto sul problema dell'origine del corpo[2]: pur presentando una posizione certamente più articolata e documentata rispetto agli interventi de *La Civiltà Cattolica* che abbiamo esaminato, il giovane Achille Ratti demoliva completamente l'ipotesi evoluzionista anche se applicata alla sola origine del corpo umano (cioè pur concedendo che l'anima sia stata creata da Dio). Dopo aver posto con chiarezza il problema esegetico di come dover leggere il dato biblico, specie per quanto riguarda la data dell'apparizione dell'uomo sulla terra (che sarebbe avvenuta al massimo diecimila anni fa, non certo con un'antichità tale quale postulano i trasformisti), egli analizza puntualmente tutti gli argomenti portati dalla teoria evoluzionista ritenendoli infondati o perlomeno indimostrabili. Anche l'ipotesi che solo il corpo derivi dal processo evolutivo non è sostenibile secondo lui[3] e quindi, al di là del problema esegetico, la sua conclusione è che la teoria trasformista non è scientificamente sostenibile, ma è solo una costruzione a priori.

[2] Fu infatti l'autore di un'aggiunta, dal titolo: *De hominis origine quoad corpus*, a un manuale di teologia del tempo: si tratta del testo di Federico Sala, *Institutiones positivo-scholasticae theologiae dogmaticae*, vol. 2: *De Deo uno et trino. De Deo creatore*, editio IV emendata, ex Typ. pontificia S. Josephi, Mediolani 1891; l'aggiunta di Ratti è alle pp. 203-218. È a questo scritto che si riferiva Pio XI parlando con padre Vermeersch, come riportato alla nota 6 di p. 59.

[3] Contesta la posizione di coloro «qui salvâ origine animae per creationem, de humano tantum corpore evolutionismum admitti posse putant. Nam vi principii causalitatis vis generativa, utut ordinem vegetativum et sensitivum nunquam excedens, non posset inducere in materiam ultimam illam dispositionem, *quae necessitat at unionem*, nisi ageret ut instrumentum quoddam rationalis animae» (*ibidem*, p. 215).

3. Pio XII

Pio XII (1939-1958) intervenne invece in alcune occasioni sul rapporto tra evoluzionismo e fede cristiana.

In un discorso alla Pontificia Accademia delle Scienze del 30.11.1941, commentando i primi capitoli di Genesi e in particolare la grandezza dell'uomo, assunse una posizione molto prudente, seppure senza condanne, nei confronti dei risultati delle ricerche scientifiche:

> In cima alla scala dei viventi l'uomo, dotato di un'anima spirituale, fu da Dio collocato principe e sovrano del regno animale. Le molteplici ricerche sia della paleontologia che della biologia e della morfologia su altri problemi riguardanti le origini dell'uomo non hanno finora apportato nulla di positivamente chiaro e certo. Non rimane quindi che lasciare sull'avvenire la risposta al quesito, se un giorno la scienza, illuminata e guidata dalla rivelazione, potrà dare sicuri e definitivi risultati sopra un argomento così importante[4].

Nell'enciclica *Divino afflante Spiritu* (30.9.1943), legittimando l'uso dei generi letterari anche per i racconti storici della Scrittura (e invitando anzi a studiarli anche grazie al confronto con le altre letterature orientali del mondo antico), cambiava decisamente l'atteggiamento nell'affrontare il problema esegetico sotteso all'introduzione dell'evoluzionismo nella spiegazione della creazione. Pio XII non prendeva direttamente posizione sull'interpretazione di Genesi, ma riconosceva la difficoltà della questione[5]

[4] Cfr. AAS 33 (1941) 504-512, qui 506.

[5] «Non deve però fare meraviglia se non tutte le difficoltà sono state superate e disciolte, ma rimangono ancor oggi gravi questioni, che non poco agitano le menti dei cattolici. Non per questo si ha da perdere coraggio; né va dimenticato che accade negli umani studi come nelle cose naturali, e cioè che le opere crescono lentamente e non se ne cava frutto se non dopo molte fatiche. Appunto così è avvenuto che a tante discussioni, non decise e rimaste sospese dai tempi andati, solo ai nostri giorni col progresso degli studi è stata data una felice conclusione» (*Enchiridion delle encicliche* 6/284).

e invitava l'esegeta cattolico a servirsi delle moderne scoperte[6].

La questione esegetica dei primi capitoli della Genesi fu invece affrontata direttamente in un testo di qualche anno più tardi: si tratta della lettera del 16.1.1948 scritta dal segretario della Commissione Biblica all'arcivescovo di Parigi, card. Suhard, dove si affrontava esplicitamente il problema della storicità dei primi undici capitoli di Genesi. Ecco la parte centrale del testo:

> La questione delle forme letterarie dei primi undici capitoli della Genesi è ancora più oscura e complessa. Queste forme letterarie non corrispondono ad alcuna delle nostre categorie classiche e non possono essere giudicate alla luce dei generi letterari greco-latini o moderni. Non si può allora negare né affermare in blocco la storicità senza applicare a torto ad essi le regole di un genere letterario sotto il quale non possono essere classificati. Se si è d'accordo a non vedere in questi capitoli della storia nel senso classico e moderno, bisogna però anche ammettere che gli attuali dati scientifici non permettono di dare una risposta positiva a tutti i problemi che questi capitoli pongono.

Il primo dovere che spetta qui all'esegesi scientifica consiste innanzi tutto in uno studio attento di tutti i problemi letterari, scientifici, storici, culturali e religiosi connessi con questi capitoli; bisognerebbe poi esaminare da vicino i procedimenti letterari degli antichi popoli orientali, la loro psicologia, il loro modo di esprimersi e la loro stessa nozione di verità storica; bisognerebbe, in una parola, radunare senza pregiudizi tutto il materiale della scienza paleontologica e storica, epigrafica e letteraria. Soltanto così si può sperare di vedere più chiaramente la vera natura di certi racconti dei primi capitoli della Genesi. Dichiarare a priori

[6] «Con l'accennata conoscenza e l'esatta valutazione dei modi e usi di parlare e di scrivere presso gli antichi, si potranno sciogliere molte obbiezioni sollevate contro la veridicità e il valore storico delle divine Scritture; e non meno porterà un tale studio a una più piena e più luminosa comprensione del pensiero del Sacro Autore. Attendano dunque i nostri scritturisti con la dovuta diligenza a questo punto, e nessuna tralascino di quelle nuove scoperte fatte dall'archeologia o dalla storia o letteratura antica, che sono atte a far meglio conoscere qual fosse la mentalità degli antichi scrittori, e la loro maniera e arte di ragionare, narrare, scrivere» (*Enchiridion delle encicliche* 6/281-282).

che i racconti in essi contenuti non contengono storia nel senso moderno del termine, lascerebbe facilmente intendere che essi in nessun senso ne contengono, quando invece essi riferiscono con un linguaggio semplice e figurato, adatto all'intelligenza di un'umanità meno progredita, le verità fondamentali presupposte dall'economia della salvezza, insieme alla descrizione popolare delle origini del genere umano e del popolo eletto (DH 3864).

Come si vede, il testo si esprimeva in modi molto diversi rispetto alla posizione del 1909 della Pontificia Commissione Biblica che abbiamo esaminato più sopra; restava la preoccupazione di difendere la storicità di questi capitoli iniziali della Bibbia, ma insieme si riconosceva che la particolare natura di questi testi richiedeva di comprendere in modo più «ampio» la categoria della storicità.

L'intervento più importante di Pio XII è però senz'altro la sua presa di posizione – la prima in un documento pontificio – sull'ammissibilità dell'evoluzionismo che è contenuta nell'enciclica *Humani generis* (12.8.1950). Scopo dell'enciclica era trattare i vari errori dottrinali che la Chiesa doveva affrontare secondo papa Pacelli, offrendo delle posizioni corrette per difendere il vero pensiero cristiano. Viste le vicende che abbiamo fin qui esposto, non fa stupire che Pio XII senta il bisogno di esprimersi anche sulla questione dell'evoluzionismo. Lo fa innanzi tutto riprendendo la questione dell'interpretazione di Gen 1-11:

Come nelle scienze biologiche e antropologiche, così pure in quelle storiche vi sono coloro che audacemente oltrepassano i limiti e le cautele stabilite dalla Chiesa. In modo particolare si deve deplorare un certo sistema di interpretazione troppo libera dei libri storici dell'Antico Testamento; i fautori di questo sistema, per difendere le loro idee, a torto si riferiscono alla lettera che non molto tempo fa è stata inviata all'arcivescovo di Parigi dalla Pontificia Commissione per gli studi biblici. Questa lettera infatti fa notare che gli undici primi capitoli del Genesi, benché propriamente parlando non concordino con il metodo storico usato dai migliori autori greci e latini o dai competenti del nostro tempo, tuttavia appartengono al genere storico in un vero senso, che però deve essere maggiormente studiato e determinato dagli esegeti; i medesimi capitoli – fa ancora notare la Lettera – con parlare semplice e metaforico, adatto alla mentalità di un popolo poco civile, riferiscono sia le principali verità che sono fondamentali per la nostra salvezza, sia anche una narrazione popolare all'origine del genere umano e del popolo eletto.

Se qualche cosa gli antichi agiografi hanno preso da narrazioni popolari (il che può essere concesso), non bisogna mai dimenticare che hanno fatto questo con l'aiuto dell'ispirazione divina, che nella scelta e nella valutazione di quei documenti li ha premuniti da ogni errore.

Quindi le narrazioni popolari inserite nelle Sacre Scritture non possono affatto essere poste sullo stesso piano delle mitologie o simili, le quali sono frutto più di un'accesa fantasia che di quell'amore alla verità e alla semplicità che risalta talmente nei Libri sacri, anche dell'Antico Testamento, da dover affermare che i nostri agiografi sono palesemente superiori agli antichi scrittori profani (DH 3898-3899).

Passa poi a esaminare il punto teologicamente più importante, l'origine dell'uomo:

... il Magistero della Chiesa non proibisce che in conformità dell'attuale stato delle scienze e della teologia, sia oggetto di ricerche e di discussioni, da parte dei competenti in tutti e due i campi, la dottrina dell'evoluzionismo, in quanto cioè essa fa ricerche sull'origine del corpo umano, che proverrebbe da materia organica preesistente (la fede cattolica ci obbliga a ritenere che le anime sono state create immediatamente da Dio). Però questo deve essere fatto in tale modo che le ragioni delle due opinioni, cioè di quella favorevole e di quella contraria all'evoluzionismo, siano ponderate e giudicate con la necessaria serietà, moderazione e misura e purché tutti siano pronti a sottostare al giudizio della Chiesa, alla quale Cristo ha affidato l'ufficio di interpretare autenticamente la Sacra Scrittura e di difendere i dogmi della fede (DH 3896);

e infine affronta la questione del peccato originale:

Però quando si tratti [...] del poligenismo, allora i figli della Chiesa non godono affatto della medesima libertà [rispetto all'ipotesi dell'evoluzionismo applicata all'origine del corpo umano]. I fedeli non possono abbracciare quell'opinione i cui assertori insegnano che dopo Adamo sono esistiti qui sulla terra veri uomini che non hanno avuto origine, per generazione naturale, dal medesimo come da progenitore di tutti gli uomini, oppure che Adamo rappresenta l'insieme di molti progenitori; non appare in nessun modo come queste affermazioni si possano accordare con quanto le fonti della rivelazione e gli atti del Magistero della Chiesa ci insegnano circa il peccato originale, che proviene da un peccato veramente commesso da Adamo individualmente e personalmente, e che, trasmesso a tutti per generazione, è inerente in ciascun uomo come suo proprio [cfr. Rm 5,12-19] (DH 3897).

Come si vede, le posizioni di Pio XII segnano un'indubbia novità, non solo perché sono il primo caso in cui un'enciclica affronta la questione, ma perché – come molti notarono fin da subito – rappresentano un'apertura di credito verso l'evoluzionismo molto maggiore rispetto agli interventi vaticani dei decenni precedenti, pur trovandosi in un'enciclica che aveva come scopo di condannare degli errori dottrinali. Il punto più rilevante è senza dubbio che si permetta di pensare che la spiegazione evoluzionistica (che non viene ritenuta necessariamente come unica e indiscutibile) possa valere anche per il corpo umano, che proverrebbe da materia organica preesistente; che l'anima sia stata «infusa» da Dio nell'uomo non era ovviamente in discussione nei sostenitori della conciliabilità dell'evoluzionismo con la fede nella creazione, ma proprio l'affermazione che il corpo dell'uomo possa derivare da un processo evolutivo delle specie era stata vista con molto sospetto – come abbiamo visto più sopra – nei primi tempi del rapporto tra evoluzione e creazione.

C'è però, come abbiamo visto nell'ultimo brano riportato dall'enciclica, una chiusura sul punto del monogenismo: secondo Pio XII bisogna affermare il monogenismo come presupposto logico per la dottrina del peccato originale, che a suo parere non sarebbe più affermabile se si accettasse un'origine poligenica dell'umanità. L'*Humani generis* si presenta quindi con un atteggiamento ambivalente di fronte all'evoluzionismo: accetta quello che i manuali del tempo chiamavano il trasformismo antropologico, purché si affermi l'intervento particolare di Dio nella creazione delle anime, ma non accetta il poligenismo. Di fatto l'enciclica di Pio XII permise la libertà ai teologi per compiere nuove ricerche.

Successivi interventi di Pio XII toccarono solo indirettamente il tema dell'evoluzionismo[7]. Possiamo dunque dire che le posizioni di Pio XII – in particolare quella dell'*Humani generis* – rappresentarono un vero momento di svolta per l'atteggiamento ufficiale della Chiesa cattolica a proposito della conciliabilità dell'evoluzionismo con la fede nella creazione (e con il dogma del peccato originale)[8]. Per quanto riguarda la sua apertura a proposito dell'origine del corpo umano da spiegarsi per via evolutiva, basti ricordare che Pio XII disse proprio l'esatto contrario di quanto Boyer sosteneva nel 1933 e il card. Ruffini nel 1948 (cfr. sopra): è plausibile che il corpo umano derivi da materia organica preesistente (per Boyer invece, in virtù del

[7] Parlando del tema dello sport e della ginnastica, e approfondendo il significato cristiano del corpo, si limita a dire: «il Re dell'universo, a degna corona della creazione, formò, in una maniera o nell'altra, dal limo della terra l'opera meravigliosa del corpo umano...» (AAS 44 [1952] 870]. In un discorso al Primo Simposio internazionale di genetica medica del 7.9.1953, riprende il suo intervento del 1941 alla Pontificia Accademia delle Scienze e le sue affermazioni dell'*Humani generis* e invita a proseguire le ricerche sull'origine dell'organismo fisico dell'uomo perché un giorno si possa giungere a dei risultati sicuri, perché lo stato attuale delle ricerche non è ancora secondo Pio XII giunto a qualcosa di definitivo (cfr. AAS 45 [1953] 604).

[8] Può senza dubbio venire in mente la riflessione su come sarebbero andate le cose, se un simile intervento fosse accaduto poco dopo le pubblicazioni di Darwin; Harry W. Paul, commentando le aperture dell'enciclica di Pio XII, dice: «such a concession, however cautious, had it been made even two decades after the appearance of the *Origin*, would probably have saved a great deal of anguish on the part of those few intrepid clergy who admitted the validity of substantial parts of Darwinian arguments, and it might have placed a damper on the regurgitation of a great many sterile anti-Darwinian arguments soon shrouded in spurious orthodoxy» (*Religion and Darwinism*, p. 403).

senso letterale del racconto biblico, si poteva solo sostenere che fosse derivato da materia inorganica preesistente, e Ruffini sosteneva che la stessa autorità ecclesiastica avesse negato che il corpo umano potesse avere origine per via evolutiva); e ciò era anche contro quanto aveva detto nel 1860 il concilio provinciale di Colonia. Ci si può chiedere se la presa di posizione di Pio XII rispecchiasse qualcuna delle posizioni teologiche che emergevano in quegli anni, e che abbiamo globalmente presentato nel paragrafo precedente. È piuttosto semplice dimostrare come Pio XII abbia ripreso le posizioni espresse da alcuni autori negli anni immediatamente precedenti il 1950, quando cioè viene pubblicata l'*Humani generis*.

Infatti, già nel 1946 appariva su *La Civiltà Cattolica*, in nettissimo contrasto con le opinioni che erano state sostenute su questa rivista negli ultimi anni del XIX secolo (cfr. sopra), un articolo di padre Vittorio Marcozzi (1908-2005) dove prudentemente si presentavano i punti oscuri che ancora permangono nella ricostruzione scientifica dell'evoluzione della specie umana e si moderano «gli entusiasti dell'evoluzionismo» troppo sicuri della loro teoria. Però si faceva notare «a certi fissisti intransigenti» che

> l'origine del corpo umano per evoluzione, nel senso permesso dalla Rivelazione, è una possibilità che viene accreditata, come pare, dai continui reperti della Paleoantropologia [...]. Perciò gli antropologi, entro questi limiti, possono continuare tranquillamente le loro ricerche sulle origini del corpo umano per evoluzione[9].

Nel 1947 il card. Achille Liénart (1884-1973), che in quel tempo era arcivescovo di Lille in Francia, aveva

[9] *Evoluzionismo e fissismo nell'origine dell'uomo*, in *La Civiltà Cattolica* 97 (1946) III 262-271, qui 271. Non molto distante la posizione di P. Dubarle, *Science de la vie et dogme chrétien*, in *La vie intellectuelle* 15 (1947), n. 10, 6-24: sottolineava come la questione più delicata sia quella dell'origine dell'uomo, ma sosteneva che creazione ed evoluzione non sono alternative, non è necessario il fissismo per difendere la creazione, anche se bisogna rifiutare una visione immanentista.

scritto un articolo in cui affermava che, per non contrapporre scienza e fede, che danno due spiegazioni diverse e complementari, bisogna imparare a modificare la nostra interpretazione del testo biblico seguendo i dati che la scienza ci offre; non fa nessun problema ammettere che l'opera creatrice di Dio si sia sviluppata per centinaia di milioni di anni. Il credente però afferma che è Dio il creatore di ogni forma di vita, e in particolare che ha creato l'uomo dotato di anima spirituale; ciò però può coesistere con l'affermazione dell'origine animale del corpo umano. L'evoluzionismo non crea poi problemi per il peccato originale, perché non richiede necessariamente il poligenismo, che scientificamente non è provato[10].

Inoltre possiamo notare come sul numero 3-4 della rivista *Gregorianum* del 1948 venivano pubblicate alcune relazioni lette nella Settimana Teologica tenuta alla Pontificia Università Gregoriana il 20-25 settembre 1947 e dedicata ad alcune questioni teologiche di attualità. Possiamo qui citare almeno tre di queste relazioni, che legano da vicino – proprio come farà Pio XII – la questione dell'origine del corpo umano e la conciliabilità del poligenismo con il dogma del peccato originale: 1) il già incontrato padre Marcozzi, al termine di una dettagliata analisi scientifica, concludeva che allo stato attuale delle conoscenze scientifiche occorre dire che il poligenismo non ha fondamenti sicuri, «mentre l'origine del corpo umano per evoluzione non appare del tutto improbabile»[11]; tocca ai teologi dire se questa spiegazione dell'origine del corpo umano sia compatibile con quanto rivelato nella Scrittura; 2) Maurizio Flick (1909-1979) sosteneva la tesi per cui c'è stato un particolare intervento creatore di Dio per la formazione

[10] Cfr. *Le chrétien devant les progrès de la science*, in *Études* 255 (1947) 289-300.

[11] *Poligenesi ed evoluzione nelle origini dell'uomo*, in *Gregorianum* 29 (1948) 343-391, qui 390.

del corpo del primo uomo, ma secondo lui non occorre concludere che il testo di Genesi voglia insegnare che il corpo del primo uomo sia stato formato proprio con la polvere della terra, quindi da materia inorganica: vuole più semplicemente dire che il corpo del primo uomo è stato formato da una materia preesistente. Flick concludeva allora dicendo che l'evoluzionismo applicato al caso dell'uomo non si può dire escluso dalla Rivelazione se lo si intende nel senso che ci sia «un certo legame fisico, tra il corpo del primo uomo e le specie viventi inferiori»[12]; 3) la questione del poligenismo collegato con il dogma del peccato originale veniva affrontata da Heinrich Lennerz (1880-1961): in questo caso l'ottica era decisamente più vicina alla teologia tradizionale, Lennerz affermava senz'ombra di dubbio che nella Chiesa, in virtù delle testimonianze scritturiste, è stato sempre e solo insegnato il monogenismo e non il poligenismo, il quale (nelle varie forme in cui può essere concepito) di fatto negherebbe il dogma del peccato originale, specie per l'affermazione tridentina per cui il peccato originale è unico nella sua origine (e quindi secondo lui Trento contiene chiaramente la dottrina del monogenismo, oltre che quella del peccato originale). Il poligenismo è dunque assolutamente da rifiutare, perché «in explicita definitione ecclesiae monogenismus est fundamentum doctrinae de peccato originali et de redemptione»[13].

Infine ricordiamo il teologo milanese Carlo Colombo (1909-1991), che in un ampio articolo del 1949, non solo fa una panoramica delle posizioni di quegli anni, ma sottolinea che a differenza dei decenni precedenti la questione dell'evoluzionismo applicata all'uomo è diventata una

[12] *L'origine del corpo del primo Uomo alla luce della filosofia cristiana e della teologia*, in *Gregorianum* 29 (1948) 392-416, qui 412.

[13] *Quid theologo dicendum de Polygenismo?*, in *Gregorianum* 29 (1948) 417-434, qui 434.

questione teologicamente libera, a patto che si rifiuti una spiegazione materialista dell'evoluzione e si tenga sempre presente che la dottrina dell'evoluzione è una dottrina scientifica e come tale va trattata. Anche il teologo comunque deve riconoscere che la spiegazione offerta dalla teoria evoluzionistica è ormai comune e accettata dalla scienza; ma tale spiegazione non è sufficiente, né per il filosofo né per il teologo, perché l'evoluzionismo non può offrire una spiegazione suprema e ultima dell'origine dell'uomo. Ma per la teologia si può tranquillamente accettare anche l'apporto della spiegazione evoluzionista per quanto riguarda, però, il solo corpo dell'uomo, perché è chiaro che l'anima spirituale viene da un libero atto della volontà di Dio e non da organismi animali precedenti. Anche per Colombo, tuttavia, è necessario essere precisi sulle ripercussioni a proposito della dottrina del peccato originale: se si può dire che il corpo umano ha un'origine per via di evoluzione, ciò non necessariamente conduce ad affermare il poligenismo, che del resto non è stato scientificamente dimostrato. Così Colombo poteva concludere:

> La teologia non ha nessun motivo di guardare con diffidenza o con timore l'affermarsi del trasformismo antropologico nel campo scientifico, e di negarne o sminuirne la probabilità scientifica; esso non contraddice a nessun dato certo della Rivelazione. D'altra parte la teologia non può modificare il senso di una dottrina rivelata, come la dottrina del peccato originale definita dal concilio di Trento, per accordarla con una ipotesi scientifica come il poligenismo[14].

Se si confrontano queste prese di posizione della fine degli anni Quaranta con quanto nel 1950 scrisse l'*Humani generis*, si vede come Pio XII abbia seguito queste posizioni, pur senza entrare in dettagliate spiegazioni teologiche e senza assumere i punti più «estremi», come la difesa

[14] Cfr. *Trasformismo antropologico e teologia*, in *La Scuola Cattolica* 77 (1949) 17-43, qui 43. Colombo dal 1964 sarà vescovo ausiliare di Milano.

del monogenismo che abbiamo trovato in Lennerz, distinguendo accuratamente la formazione del corpo umano dall'infusione dell'anima spirituale e affermando di non vedere come il poligenismo sia accordabile con la dottrina del peccato originale (e qui papa Pacelli si mantenne un po' più prudente di chi diceva che assolutamente il poligenismo non può essere accettato proprio per l'esistenza del dogma del peccato originale).

4. Il monito del Sant'Uffizio del 1962

L'ultimo intervento da segnalare prima del Vaticano II è invece di natura differente rispetto ai toni che abbiamo incontrato in Pio XII. Si tratta di un monito del Sant'Uffizio sulle posizioni di Teilhard de Chardin, cui abbiamo già accennato poco fa. Le idee del gesuita francese avevano conosciuto un'ampia diffusione soprattutto quando, dopo la sua morte nel 1955, iniziò la pubblicazione delle sue opere inedite. Già il 6.12.1957 il Sant'Uffizio aveva scritto una lettera riservata ai vescovi dove si vietava la diffusione delle sue opere[15] e il 30.6.1962 lo stesso Sant'Uffizio pubblicava un monito in cui si affermava «che le opere menzionate racchiudono tali ambiguità e anche errori tanto gravi, che offendono la dottrina cattolica»[16]. Questo monito venne accompagnato da un articolo su *L'Osservatore Romano* dello stesso giorno dal titolo *Pierre Teilhard de Chardin e il suo pensiero sul piano filosofico e religioso*, dove si lodava il contributo da lui portato alle ricerche scientifiche, specie nel campo paleontologico, ma si aggiungeva: «Non si può fare a meno di rimanere perplessi prima, dissenzienti poi,

[15] «I libri di Pierre Teilhard de Chardin devono essere ritirati dalle biblioteche dei seminari e degli istituti religiosi; non possono essere messi in vendita nelle librerie cattoliche e non è lecito tradurle in altre lingue» (testo riportato in C. Molari, *La teologia cattolica*, p. 258).

[16] Cfr. AAS 54 (1962) 526.

quando le opinioni del p. Teilhard de Chardin dal puro campo scientifico si estendono al campo della filosofia e della teologia». Pur non facendo diretto riferimento ai rapporti tra creazione ed evoluzionismo, più volte l'articolo citava l'uso in Teilhard di un sistema evoluzionistico. La condanna non riguardava dunque direttamente il rapporto tra l'evoluzionismo e la creazione, ma in ogni caso coinvolgeva uno dei teologi che più si era spinto avanti nel cercare non solo di conciliare l'ipotesi evoluzionistica con la fede cristiana, ma addirittura di costruire un sistema teologico in chiave evoluzionista.

VI.

La situazione intorno al Vaticano II

I documenti del concilio Vaticano II non affrontarono direttamente la questione dell'evoluzionismo, né parlarono esplicitamente dei due punti che, come abbiamo visto, erano stati più spesso trattati: la formazione del corpo del primo uomo e il legame tra il peccato originale e il poligenismo.

Un riferimento molto indiretto alla questione dell'evoluzionismo, che talora alcuni citano, potrebbe essere la constatazione espressa in *Gaudium et spes* 5:

> ... il genere umano passa da una concezione piuttosto statica dell'ordine a una concezione più dinamica ed evolutiva; ciò favorisce il sorgere di un formidabile complesso di nuovi problemi, che stimola ad analisi e a sintesi nuove.

Ma è un'osservazione che commenta l'andamento della cultura del tempo e non affronta le questioni scientifiche che toccano la fede nella creazione. Per quanto riguarda poi i brani che toccano i rapporti con la scienza, il clima espresso dal Vaticano II è certamente diverso da quello che abbiamo incontrato alla fine del XIX secolo o ai tempi della crisi modernista: c'è un riconoscimento della legittima autonomia delle realtà terrene e anche dell'autonomia della scienza in *Gaudium et spes* 36:

> ... la ricerca metodica di ogni disciplina, se procede in maniera veramente scientifica e secondo le norme morali non sarà mai in

> reale contrasto con la fede, perché le realtà profane e le realtà della fede hanno origine dal medesimo Dio. Anzi, chi si sforza con umiltà e con perseveranza di scandagliare i segreti della realtà, anche senza che egli se ne avverta viene come condotto dalla mano di Dio, il quale, mantenendo in esistenza tutte le cose, fa che siano quello che sono. A questo punto, ci sia concesso di deplorare certi atteggiamenti mentali, che talvolta non mancano nemmeno tra i cristiani, derivati dal non avere sufficientemente percepito la legittima autonomia della scienza, e che, suscitando contese e controversie, trascinarono molti spiriti a tal punto da ritenere che scienza e fede si oppongano tra loro.

Si riconosce comunque in *Gaudium et spes* 62 che «l'accordo fra la cultura e la formazione cristiana non si realizza sempre senza difficoltà», per quanto tali difficoltà possono

> stimolare lo spirito a una più accurata e profonda intelligenza della fede. Infatti gli studi recenti e le nuove scoperte delle scienze, della storia e della filosofia, suscitano nuovi problemi che comportano conseguenze anche per la vita pratica ed esigono anche dai teologi muove indagini. I teologi sono inoltre invitati, nel rispetto dei metodi e delle esigenze proprie della scienza teologica, a sempre ricercare modi più adatti di comunicare la dottrina cristiana agli uomini della loro epoca, perché altro è il deposito o le verità della fede, altro è il modo con cui vengono enunziate, rimanendo pur sempre lo stesso il significato e il senso profondo.

Forse l'importanza maggiore del Vaticano II per la problematica che stiamo studiando fu la definitiva presa di posizione in campo esegetico a favore dei generi letterari. Il come interpretare i capitoli della Genesi che parlano della creazione era stato un problema più volte presente, come abbiamo visto, e Pio XII con la *Divino afflante Spiritu* aveva segnato un importante punto di svolta. La *Dei Verbum* del Vaticano II offre un concetto di Rivelazione e di Scrittura che ha ben presente l'espressione umana della verità rivelata: dice al n. 12:

> Poiché Dio nella Sacra Scrittura ha parlato per mezzo di uomini alla maniera umana, l'interprete della Sacra Scrittura, per venire a

conoscere ciò che egli ha voluto comunicarci, deve ricercare con attenzione che cosa gli agiografi realmente hanno inteso indicare e che cosa a Dio è piaciuto manifestare con le loro parole.

Per scoprire l'intenzione degli agiografi, si deve tener conto tra l'altro anche dei generi letterari. La verità infatti viene in modi diversi proposta ed espressa nei vari testi: storici, o profetici, o poetici, o con altri generi letterari. È necessario dunque che l'interprete ricerchi il senso che l'agiografo ha inteso e ha espresso in determinate circostanze, secondo la condizione del suo tempo e della sua cultura, per mezzo dei generi letterari allora in uso. Infatti per comprendere esattamente ciò che l'autore sacro ha voluto asserire nello scrivere, si deve far molta attenzione sia a modi abituali e originari di intendere, di esprimersi e di raccontare in voga ai tempi dell'agiografo, sia a quelli che allora si usavano abitualmente nei rapporti umani.

Per quanto riguarda infine il peccato originale, già abbiamo detto che i documenti del Vaticano II non affrontano la questione (del resto erano passati pochi anni da quando Pio XII nell'*Humani generis* aveva affermato con molta chiarezza la problematicità del rapporto tra peccato originale e poligenismo). Bisogna però ricordare che diversi testi della fase preparatoria avevano chiesto che si facesse chiarezza su questa questione dibattuta. Durante i lavori preparatori del Vaticano II si pensò di redigere un capitolo sul peccato originale, a favore del monogenismo e della propagazione attraverso la generazione, che costituiva il lungo cap. VII dello schema della costituzione apostolica *De Deposito Fidei pure custodiendo* (1962)[1]. Ma tale progetto, chiaramente rivolto contro i nuovi tentativi di interpretazione del peccato originale, fu abbandonato.

Poco dopo la chiusura del Concilio ci fu però una ripresa della questione del poligenismo legato al peccato originale da parte di papa Paolo VI (1963-1978). In un

[1] Per il testo e l'analisi cfr. G.-H. Baudry, *Le péché dit originel* (Théologie historique, 113), Beauchesne, Paris 2000, pp. 184-200.

discorso dell'11.7.1966 a un gruppo di teologi incaricati di studiare la dottrina del peccato originale difende il dogma rifiutando il poligenismo:

> [...] voi, dilettissimi Figli, vi proponete di fare il punto, come si suol dire, sullo stato attuale dell'esegesi e della teologia cattolica a riguardo del dogma del peccato originale, con speciale riferimento ai risultati delle scienze naturali moderne, quali l'antropologia e la paleontologia. Frutto di questa vostra indagine comparativa, dovrebbero essere una definizione e una presentazione del peccato originale, che fossero più moderne, cioè più soddisfacenti le esigenze della fede e della ragione, quali sono sentite e manifestate dagli uomini della nostra epoca [...].
>
> È concessa, dunque, agli esegeti e ai teologi cattolici tutta quella libertà di ricerca e di giudizio, ch'è richiesta dall'indole scientifica dei loro studi e dal fine pastorale della salvezza delle anime, cui deve mirare, come scopo supremo, ogni attività in seno alla Chiesa. Vi sono, però, dei limiti, che l'esegeta, il teologo, lo scienziato, che vogliano veramente salvaguardare e illuminare la propria fede e quella degli altri cattolici, non possono e non devono imprudentemente oltrepassare [...].
>
> Convinti, pertanto, che la dottrina del peccato originale, sia quanto alla sua esistenza e universalità, sia quanto alla sua indole di vero peccato nei discendenti di Adamo e alle sue tristi conseguenze per l'anima e per il corpo, è una verità rivelata da Dio in vari passi dei Libri dell'Antico e del Nuovo Testamento, ma specialmente nei testi a voi notissimi del *Genesi* 3,1-20 e della *Lettera ai Romani* 5,12-19, abbiate somma cura, nell'approfondire e precisare il senso dei testi biblici, di attenervi alle norme impreteribili, che scaturiscono dall'*analogia fidei*, dalle dichiarazioni e definizioni dei Concili [...], dai documenti emanati dalla Sede Apostolica. In tal modo voi sarete sicuri di rispettare: «id quod Ecclesia catholica ubique diffusa semper intellexit», cioè il *senso* della Chiesa universale, docente e discente, che i Padri del II Concilio di Cartagine, che si occupò del peccato originale, contro i Pelagiani, considerarono «regulam fidei» (can. 2).
>
> È evidente, perciò, che vi sembreranno inconciliabili con la genuina dottrina cattolica le spiegazioni che del peccato originale danno alcuni autori moderni, i quali, partendo dal presupposto,

che non è stato dimostrato, del *poligenismo*, negano, più o meno chiaramente, che il peccato, donde è derivata tanta colluvie di mali nell'umanità, sia stato anzitutto la disobbedienza di Adamo «primo uomo», figura di quello futuro (Conc. Vat. II, Const. *Gaudium et spes*, n. 22; cfr. anche n. 13) commessa all'inizio della storia. Per conseguenza, tali spiegazioni neppur s'accordano con l'insegnamento della Sacra Scrittura, della Sacra Tradizione e del Magistero della Chiesa, secondo il quale il peccato del primo uomo è trasmesso a tutti i suoi discendenti non per via d'imitazione ma di propagazione, «inest unicuique proprium», ed è «mors animae», cioè privazione e non semplice carenza di santità e di giustizia anche nei bambini appena nati (cfr. *Conc. Trid.*, sess. V, can. 2-3).

Ma anche la teoria dell'*evoluzionismo* non vi sembrerà accettabile qualora non si accordi decisamente con la creazione immediata di tutte e singole le anime umane da Dio, e non ritenga decisiva l'importanza che per le sorti dell'umanità ha avuto la disobbedienza di Adamo, protoparente universale (cfr. *Conc. Trid.*, sess. V, can. 2). La quale disubbidienza non dovrà pensarsi come se non avesse fatto perdere ad Adamo la santità e la giustizia in cui fu costituito (cfr. *Conc. Trid.*, sess. V, can. 1)[2].

Come si vede, in questo testo papa Montini si attiene alla dottrina di Pio XII e non dimostra un atteggiamento di apertura, quanto piuttosto di difesa – forse anche più netta dell'*Humani generis* – nei confronti delle ipotesi evoluzioniste[3]. Pochi giorni dopo questo discorso la Congregazione per la Dottrina della Fede inviava una lettera *Cum Oecumenicum Concilium* ai presidenti delle Conferenze episcopali, dove tra le «opinioni peregrine e audaci» contro i «fondamenti della fede» c'era quella di

[2] *Il dogma del peccato originale e le scienze naturali moderne* (11.7.1966), in *Insegnamenti di Paolo VI*, vol. IV (1966), Tipografia Poliglotta Vaticana, s.l. 1967, pp. 361-367, *passim*. Per il dibattito teologico sul peccato originale, in modo speciale per la sua conciliabilità con il poligenismo, che seguì questi interventi di Pio XII e Paolo VI cfr. un resoconto in C. Molari, *La teologia cattolica*, pp. 280-286.291-292.

[3] Per come questo discorso fu interpretato all'interno dei lavori del congresso cui era rivolto cfr. *ibidem*, pp. 265-266, nota 184.

alcuni che o non tengono in debito conto la dottrina del Concilio Tridentino circa il peccato originale, o la spiegano in modo che la colpa originale di Adamo e la trasmissione del suo peccato ne restano per lo meno offuscate[4].

Però Paolo VI nel *Credo del popolo di Dio* (30.6.1968) non usò più «per generazione» (come aveva fatto Pio XII), ma la terminologia più ampia, già usata da Trento, «per propagazione» per spiegare la trasmissione del peccato originale[5].

Il clima generale suscitato dal Vaticano II, nonostante queste prese di posizione di Paolo VI subito dopo la sua chiusura, poteva comunque far scrivere nel 1967 al gesuita Zoltan Alszeghy (1915-1991) che la visione evoluzionistica del mondo ormai non era più un pericolo per la fede, come invece era stata vista nei primi documenti del Magistero che l'avevano affrontata, purché ovviamente si ammetta che l'evoluzione è guidata da Dio e che l'uomo è essenzialmente diverso dagli altri animali. Alszeghy affermava: «Considerando le cose in astratto, ulteriori interventi del Magistero ecclesiastico potrebbero dichiarare che l'evoluzionismo è inconciliabile con la fede. In concreto, però, tale possibilità sembra esclusa»[6].

[4] Testo latino in AAS 58 (1966) 659-661, qui 661.

[5] Testo latino in *Insegnamenti di Paolo VI*, vol. VI (1968), Tipografia Poliglotta Vaticana, s.l. 1969, pp. 294-295.

[6] Z. Alszeghy, *L'evoluzione e il magistero ecclesiastico*, in *Concilium* 6 (1967) 47.

VII.

La posizione di Giovanni Paolo II

In questa nostra panoramica storica sul dialogo tra evoluzione e creazione non è possibile seguire dettagliatamente le posizioni teologiche che sono emerse dopo il Vaticano II, anche se abbiamo visto che ormai con gli anni del Concilio, e già prima con Pio XII, poteva dirsi sostanzialmente conclusa l'epoca in cui un dialogo non era considerato possibile tra queste due spiegazioni dell'origine del mondo e dei viventi.

Ci soffermiamo su alcune posizioni del pontificato di Giovanni Paolo II (1978-2005), che più volte è tornato nei suoi interventi sui rapporti tra fede e scienza; del resto, già quando era arcivescovo di Cracovia organizzava nella sua residenza degli incontri interdisciplinari tra fisici, biologi, filosofi e teologi e da pontefice più volte ha accolto nella residenza estiva di Castel Gandolfo dei seminari su questi argomenti. Tra i suoi tanti interventi possiamo citare innanzi tutto un discorso al simposio «Fede ed evoluzione» tenutosi a Roma nel 1985 che parte dall'evoluzione intesa come paradigma interpretativo della realtà che non può essere in contrasto, se rettamente intesa, con la fede nella creazione:

> Il concetto polivalente e considerato sotto il profilo filosofico di «evoluzione» si sta da tempo sviluppando sempre più nel senso di un ampio paradigma della conoscenza del presente. Pretende di integrare la fisica, la biologia, l'antropologia, l'etica e la sociologia in una logica di spiegazione scientifica generale. Il paradigma dell'evoluzione si sviluppa, non ultimo, attraverso una letteratura

in continua crescita, per diventare una specie di concezione del mondo chiusa, un'«immagine del mondo evoluzionistica».

Questa concezione del mondo si differenzia dall'immagine materialistica del mondo, che fu propagata alla svolta del secolo, per una vasta elaborazione e per una grande capacità d'integrare dimensioni apparentemente incommensurabili. Mentre il materialismo tradizionale cercava di smascherare come illusione la coscienza morale e religiosa dell'uomo e, talvolta, la combatteva attivamente, l'evoluzionismo biologico si sente abbastanza forte per motivare questa coscienza funzionalmente con i vantaggi della selezione ad essa legati e integrarla nel suo concetto generale. La conseguenza pratica ne è che i fautori di questa concezione del mondo evoluzionaria hanno imposto una nuova definizione dei rapporti con la religione, che si differenzia notevolmente da quella del passato più recente e di quello più remoto.

Per quanto riguarda l'aspetto puramente naturalistico della questione, già il mio indimenticato predecessore papa Pio XII richiamava l'attenzione nel 1950, nella sua enciclica *Humani generis*, sul fatto che il dibattito sul modello esplicativo di «evoluzione» non viene ostacolato dalla fede se questa discussione rimane nel contesto del metodo naturalistico e delle sue possibilità. [...] In base a queste considerazioni del mio predecessore, non creano ostacoli una fede rettamente compresa nella creazione o un insegnamento rettamente inteso dell'evoluzione: l'evoluzione infatti presuppone la creazione; la creazione si pone nella luce dell'evoluzione come un avvenimento che si estende nel tempo – come una «creatio continua» – in cui Dio diventa visibile agli occhi del credente come Creatore del cielo e della terra [...].

È evidente che questo problema grave e urgente non può essere risolto senza filosofia. Spetta proprio alla filosofia sottoporre a un esame critico la maniera in cui i risultati e le ipotesi vengono acquisiti, differenziare da estrapolazioni ideologiche il rapporto tra teorie e affermazioni singole, la collocazione delle affermazioni naturalistiche e la loro portata, in particolare il contenuto proprio delle asserzioni naturalistiche[1].

[1] *Retta fede nella creazione, retto insegnamento dell'evoluzione* (26.4.1985), in *Insegnamenti di Giovanni Paolo II*, vol. VIII/1 (1985), Libreria Editrice Vaticana, Città del Vaticano s.d., pp. 1131-1132.

La tesi qui sostenuta è dunque che non c'è opposizione tra evoluzione e creazione perché l'evoluzione presuppone la creazione e dal punto di vista teologico l'evoluzione può quindi essere spiegata all'interno della dottrina classica della «creatio continua» con cui Dio dà sussistenza all'esistere di tutte le cose. Viene ripresa la linea di fondo di Pio XII, ma si aggiunge anche un elemento che finora non avevamo ancora incontrato negli interventi magisteriali: che cioè per far dialogare bene le due affermazioni è necessaria la filosofia.

In una catechesi del mercoledì del 16.4.1986 Giovanni Paolo II riprese – ancora una volta sulla stessa linea di Pio XII – l'ipotesi evoluzionistica per quanto riguarda il corpo:

> *Nei tempi moderni* una difficoltà particolare contro la dottrina rivelata circa la creazione dell'uomo, quale essere composto di anima e di corpo è stata sollevata dalla *teoria dell'evoluzione*. Molti cultori delle scienze naturali che, con metodi loro propri, studiano il problema dell'inizio della vita umana sulla terra, sostengono – contro altri colleghi – l'esistenza non soltanto di un legame dell'uomo con l'insieme della natura, ma anche *la derivazione dalle specie animali superiori*. Questo problema, che sin dal secolo scorso, ha occupato gli scienziati, coinvolge vasti strati dell'opinione pubblica.
>
> La risposta del Magistero è stata offerta dall'enciclica *Humani generis* di Pio XII nell'anno 1950. In essa leggiamo: «Il Magistero della Chiesa non ha nulla in contrario a che la dottrina dello "evoluzionismo", in quanto esso indaga *circa l'origine del corpo umano* derivante da una materia preesistente e viva – la fede cattolica infatti ci obbliga a tenere fermo che le anime sono state create immediatamente da Dio – sia oggetto di investigazione e discussione da parte degli esperti» (DS 3896).
>
> Si può dunque dire che, *dal punto di vista della dottrina della fede*, non si vedono difficoltà nello spiegare l'origine dell'uomo, in quanto corpo, mediante l'ipotesi dell'evoluzionismo. Bisogna tuttavia aggiungere che l'ipotesi propone soltanto una probabilità, non una certezza scientifica. *La dottrina della fede invece afferma*

invariabilmente che *l'anima spirituale dell'uomo è stata creata direttamente da Dio*. È cioè possibile secondo l'ipotesi accennata, che il corpo umano, seguendo l'ordine impresso dal Creatore nelle energie della vita, sia stato gradatamente preparato nelle forme di esseri viventi antecedenti. L'anima umana, però, da cui dipende in definitiva l'umanità dell'uomo, essendo spirituale, non può essere emersa dalla materia[2].

Non ci sono quindi ostacoli per pensare la creazione dell'uomo insieme all'origine del corpo umano per via evoluzionista: ormai su questo punto della formazione del corpo del primo uomo, che – come abbiamo visto – era stato spesso affrontato prima del Vaticano II, Giovanni Paolo II pensa che non ci siano più dubbi, pur aggiungendo subito dopo che – trattandosi di una teoria scientifica – siamo di fronte a una probabilità, non a una certezza. Per quanto riguarda invece la grandezza e la particolarità dell'essere umano, riprende la stessa posizione dell'*Humani generis*, precisando ancor meglio di Pio XII che «l'anima» viene creata direttamente da Dio, che da essa dipende l'«umanità dell'uomo» e che non può essere emersa dalla materia per via di un processo evolutivo.

L'intervento più importante di Giovanni Paolo II su questi temi fu senza dubbio il Messaggio alla Pontificia Accademia delle Scienze del 22.10.1996. Ne riportiamo i passi più significativi:

4. Tenuto conto dello stato delle ricerche scientifiche dell'epoca e anche delle esigenze proprie della teologia, l'enciclica *Humani generis* considerava la dottrina dell'«evoluzionismo» come un'ipotesi seria, degna di essere investigata e di ricevere una riflessione approfondita sullo stesso piano dell'ipotesi opposta. Pio XII aggiungeva due condizioni di ordine metodologico: che non si adotti questa opinione come se si trattasse di una dottrina certa e dimostrata e come se si potesse prescindere del tutto dalla

[2] *L'uomo, immagine di Dio, è un essere spirituale e corporale* (Catechesi del mercoledì, 16.4.1986), in *Insegnamenti di Giovanni Paolo II*, vol. IX/1 (1986), Libreria Editrice Vaticana, s.l. 1986, pp. 1038-1041, qui n. 7.

Rivelazione a proposito delle questioni che essa solleva. Egli enunciava poi la condizione a cui attenersi affinché quest'opinione fosse compatibile con la fede cristiana; un punto questo su cui ritornerò.

Oggi, circa mezzo secolo dopo la pubblicazione dell'enciclica, nuove conoscenze portano a riconoscere nella teoria dell'evoluzione più che una ipotesi. È in effetti degno di nota che questa teoria si sia progressivamente imposta allo spirito dei ricercatori, in seguito a una serie di scoperte fatte in diverse discipline del sapere. La convergenza, per nulla ricercata o provocata, dei risultati di lavori condotti indipendentemente gli uni dagli altri, costituisce per se stessa un argomento significativo in favore di questa teoria.

Qual è la portata di una simile teoria? Affrontare questa questione è entrare nel campo dell'epistemologia. Una teoria è una elaborazione metascientifica, distinta dai risultati dell'osservazione ma che è loro omogenea. Grazie ad essa, un insieme di dati e di fatti indipendenti tra di loro possono essere legati insieme e interpretati in una spiegazione unitaria. La teoria prova la sua validità nella misura in cui essa è suscettibile di essere verificata; è costantemente commisurata alla scarsità dei fatti; là dove cessa di poter rendere conto di essi, essa manifesta i suoi limiti e la sua inadeguatezza. Essa deve allora essere ripensata.

Inoltre, l'elaborazione di una teoria come quella dell'evoluzione, obbedendo fino in fondo all'esigenza di omogeneità con i dati dell'osservazione, prende a prestito certe nozioni dalla filosofia della natura.

E, a dire il vero, più che della *teoria* dell'evoluzione, è bene parlare di *teorie* dell'evoluzione. Questa pluralità è legata, da una parte, alla diversità delle spiegazioni che sono state proposte del meccanismo dell'evoluzione e, d'altra parte, alle diverse filosofie alle quali ci si riferisce. Esistono così delle letture materialiste e riduzioniste e delle letture spiritualiste. Il giudizio qui è di competenza della filosofia e, poi, della teologia.

5. Il Magistero della Chiesa è direttamente interessato alla questione dell'evoluzione, perché essa tocca la concezione dell'uomo, di cui la Rivelazione ci insegna che è stato creato a immagine e somiglianza di Dio. La costituzione conciliare *Gaudium et spes* ha

esposto magnificamente questa dottrina, che è uno dei perni del pensiero cristiano. Ha ricordato che l'uomo è «la sola creatura sulla terra che Dio ha voluto per se stessa» (24). In altri termini, l'individuo umano non sarà mai subordinato come un puro mezzo o un puro strumento né alla specie né alla società; egli ha valore per se stesso. Egli è una persona. Attraverso la sua intelligenza e la sua volontà è capace di entrare in relazione di comunione, di solidarietà e di dono di sé con il suo simile. San Tommaso osserva che la somiglianza dell'uomo con Dio risiede specialmente nella sua intelligenza speculativa, perché la relazione con l'oggetto della sua conoscenza somiglia alla relazione che Dio intrattiene con la sua opera (*Summa Theologiae* I-II^{ae}, q. 3, a. 5, ad 1). Ma, più ancora, l'uomo è chiamato a entrare in una relazione di conoscenza e di amore con Dio stesso, relazione che troverà il suo pieno compimento al di là del tempo, nell'eternità. Nel mistero del Cristo risorto ci è rivelata tutta la profondità e tutta la grandezza di questa vocazione (cfr. *Gaudium et spes* 22). È in virtù della sua anima spirituale che la persona tutta intera, fino a comprendere il corpo, possiede una tale dignità. Pio XII aveva sottolineato questo punto essenziale: se il corpo umano prende origine dalla materia vivente che gli pre-esiste, l'anima spirituale è creata immediatamente da Dio «*animas enim a Deo immediate creari catholica fides nos retinere iubet*» (*Humani generis*: AAS 42 [1950] 575).

Di conseguenza, le teorie dell'evoluzione che, in funzione delle filosofie che le ispirano, considerano lo spirito come se emergesse dalle forze della materia vivente o come un semplice epifenomeno di questa materia sono incompatibili con la verità dell'uomo. Esse sono del resto incapaci di fondare la dignità della persona.

6. Con l'uomo noi ci troviamo dunque davanti a una differenza di ordine ontologico, davanti a un salto ontologico, si potrebbe dire. Ma porre una tale discontinuità ontologica non è andare contro la continuità fisica che sembra essere il filo conduttore delle ricerche sull'evoluzione, e questo fin dal piano della fisica e della chimica? La considerazione del metodo utilizzato nei diversi ordini del sapere permette di mettere in accordo due punti di vista che sembrano inconciliabili. Le scienze dell'osservazione descrivono e misurano con una sempre maggior precisione le molteplici manifestazioni della vita e le segnano sulla linea del tempo. Il momento del passaggio allo spirituale non è oggetto di un'osservazione di questo tipo, che tuttavia può svelare, sul piano sperimentale, una serie di segni molto preziosi a proposito

della specificità dell'essere umano. Ma l'esperienza del sapere metafisico, della coscienza di sé e della propria riflessività, quella della coscienza morale, quella della libertà, o ancora l'esperienza estetica e religiosa, sono di competenza dell'analisi e della riflessione filosofica, mentre la teologia ne svela il senso ultimo secondo i disegni del Creatore[3].

Come si vede, siamo qui di fronte a una presa di posizione più articolata rispetto agli interventi vaticani precedenti. Colpisce innanzi tutto l'affermazione per cui ormai l'evoluzione non può più essere considerata soltanto un'ipotesi: i risultati delle scienze la fanno considerare «più che una ipotesi». Papa Wojtyla, però, non intende certo «battezzare» l'evoluzionismo: subito dopo aggiunge che, per una corretta valutazione di questa dottrina, occorre valutarne la portata e i presupposti filosofici su cui si basa. Una valutazione cristiana dell'evoluzionismo dovrà così far attenzione al fatto che non esiste un'unica teoria dell'evoluzione, ma molteplici teorie, che sono elaborazioni meta-scientifiche dei dati dell'osservazione; è chiaramente contraria alla fede cristiana una spiegazione dell'evoluzione che sia fatta partendo da un presupposto materialista e riduzionista, mentre ben diverso il caso di una teoria che si basi su una lettura dei fatti che viene chiamata «spiritualista».

Fatta questa distinzione di fondo, Giovanni Paolo II torna ad affrontare uno dei punti-chiave del rapporto tra

[3] *Dalla Bibbia una luce superiore illumina l'orizzonte di studi e di ricerche sull'origine della vita e sulla sua evoluzione. Messaggio alla plenaria della Pontificia Accademia delle Scienze* (22.10.1996), in *Insegnamenti di Giovanni Paolo II*, vol. XIX/2 (1996), Libreria Editrice Vaticana, 1998, pp. 572-575 [testo originale francese]. Per un commento a questo discorso cfr. S. Muratore, *Magistero e darwinismo*, in *La Civiltà Cattolica* 148 (1997) I 141-145; J. Zycinski, *L'evoluzionismo secondo il pensiero di Giovanni Paolo II*, in *Euntes Docete* 56 (2003) 59-67; trad. inglese con piccole modifiche: *Evolution and Christian Thought in Dialog According to the Teaching of John Paul II*, in *Logos - A Journal of Catholic Thought and Culture* 9 (2006), n. 1, 13-27 (mons. Józef Zycinski [1948-], è stato docente di filosofia della scienza alla Pontificia Accademia di Cracovia ed è vescovo dal 1990, prima di Tarnow e poi dal 1997 arcivescovo di Lublino).

evoluzione e creazione: la comparsa dell'uomo. Qui la fede cristiana deve partire dalla Rivelazione, che attesta la diversità dell'uomo rispetto agli altri esseri viventi; riprendendo e approfondendo le affermazioni di Pio XII, il pontefice polacco concludeva che non si può accettare da un punto di vista cristiano una spiegazione dell'evoluzione che affermi che lo spirito emerga dal processo evolutivo stesso. E dicendo in termini più filosofici quanto papa Pacelli sosteneva parlando di creazione immediata delle anime da parte di Dio, Giovanni Paolo II afferma che la fede cristiana impone di parlare nel caso dell'uomo di un «salto ontologico», il quale non è coglibile dal metodo delle scienze naturali, per cui lo scienziato deve astenersi su quando sia avvenuto il passaggio allo spirituale.

Dalla lettura di questi brani si può notare che Giovanni Paolo II ha approfondito la posizione di Pio XII specie per quanto riguarda la formazione del corpo del primo uomo, ma non ha ripreso la questione della conciliabilità del poligenismo con il peccato originale. Durante il suo pontificato, è poi apparso anche il *Catechismo della Chiesa Cattolica*, dove la questione dell'evoluzionismo non è affrontata direttamente; si possono citare due punti che la toccano indirettamente:

- parlando dell'origine del mondo e dell'uomo si accenna all'evoluzionismo, ma non si affronta il suo rapporto con la fede nella creazione:

> partendo dal movimento e dal divenire, dalla contingenza, dall'ordine e dalla bellezza del mondo si può giungere a conoscere Dio come origine e fine dell'universo (n. 32).

> La questione delle origini del mondo e dell'uomo è oggetto di numerose ricerche scientifiche, che hanno straordinariamente arricchito le nostre conoscenze sull'età e le dimensioni del cosmo, sul divenire delle forme viventi, sull'apparizione dell'uomo. Tali scoperte ci invitano a una sempre maggiore ammirazione per la grandezza del Creatore, e a ringraziarlo per tutte le sue opere e per l'intelligenza e la sapienza di cui fa dono agli studiosi e ai ricerca-

tori. Con Salomone costoro possono dire: «Egli mi ha concesso la conoscenza infallibile delle cose, per comprendere la struttura del mondo e la forza degli elementi... perché mi ha istruito la Sapienza, artefice di tutte le cose» (Sap 7,17-21) (n. 283);

- parlando della Provvidenza e dello scandalo del male, si legge di un mondo «in stato di via» in cui il divenire comporta un fenomeno di sparizione di specie viventi, sostituite da altre più perfette:

Ma perché Dio non ha creato un mondo a tal punto perfetto da non potervi essere alcun male? Nella sua infinita potenza, Dio potrebbe sempre creare qualcosa di migliore (cfr. San Tommaso d'Aquino, *Summa Theologiae* I, q. 25, a. 6). Tuttavia, nella sua sapienza e nella sua bontà infinite, Dio ha liberamente voluto creare un mondo «in stato di via» verso la sua perfezione ultima. Questo divenire, nel disegno di Dio, comporta, con la comparsa di certi esseri la scomparsa di altri, con il più perfetto anche il meno perfetto, con le costruzioni della natura anche le distruzioni. Quindi, insieme con il bene fisico esiste anche il male fisico, finché la creazione non avrà raggiunto la sua perfezione (cfr. San Tommaso d'Aquino, *Summa contra gentiles*, 3, 71) (n. 310).

VIII.

I dibattiti degli ultimi anni

Per quanto la nostra panoramica storica sia intenzionalmente limitata al Magistero della Chiesa cattolica e alla teologia cattolica, per comprendere meglio i dibattiti sorti in questi ultimi anni è necessario richiamare tre concetti che non sono esclusivi dell'ambito cattolico e provengono anche dal mondo della scienza.

1. Il creazionismo

Il primo fenomeno che dobbiamo citare è il cosiddetto *creazionismo*[1]. Con questo termine si indica un insieme di

[1] In questa sede non vogliamo entrare in una disamina articolata delle posizioni pro o contro il creazionismo. Ecco soltanto una serie di titoli in lingua italiana di questi ultimi anni che hanno dibattuto la questione: J. Arnould, *La Chiesa e la storia della natura*, pp. 72-86; Id., *Dio o Darwin? Le crociate dei creazionisti*, in *Communio* n. 202 (2005) 39-45; G. Colzani, *Teologia cristiana ed evoluzionismo*, in *Rivista del Clero Italiano* 86 (2005) 756-773; F.S. Collins, *Il linguaggio di Dio*, Sperling & Kupfer, Milano 2007, pp. 174-183; P. Dessì, *Creazionisti all'assalto*, in *Rivista di filosofia* 95 (2004) 93-121; W. Drees, *Creazionismo ed evoluzione*, in *Concilium* 36 (2000) 63-73; F. Facchini, *Neodarwinismo e creazionismo scientifico: attenzione ai salti di corsia*, in *L'Osservatore Romano* 23.11.2007, p. 5; G. Marletta, *Neodarwinismo e Creazionismo: due opposti fondamentalismi?*, in *Seppellire Darwin? Dalla critica del darwinismo agli albori di una scienza nuova* (Avallon, 56), Il Cerchio, Rimini 2007, pp. 97-108; T. Pievani, *Creazione senza Dio*, Einaudi, Torino 2006, pp. 39-56; Id., *In difesa di Darwin. Piccolo bestiario dell'antievoluzionismo all'italiana*, Bompiani, Milano 2007 (raccoglie le posizioni degli antievoluzionisti e dei creazionisti italiani).

movimenti e di correnti di pensiero che sono accomunati sia dall'opposizione all'evoluzionismo sia dalla loro radice negli ambienti presbiteriani ed evangelici del Nord America a partire dalla seconda metà dell'Ottocento. L'affermazione comune è che Dio è l'autore della natura nel modo descritto da Mosè, autore dei primi capitoli di Genesi.

Abbiamo ampiamente visto come nel mondo cattolico fin dall'inizio le tesi darwiniane avessero messo in questione la lettura tradizionale del dato biblico: nel creazionismo non si hanno dubbi, ha ragione la Bibbia nel dire come sono andate le cose e la scienza non può mettere in discussione la veridicità della Scrittura. Qui si esprime quindi quella lettura fondamentalista della Bibbia che è critica verso l'applicazione al testo sacro dei metodi storico-critici e che nel rapporto con le scienze cerca, se non proprio lo scontro, almeno un atteggiamento concordista, nel senso che non ci può essere discordia tra dato biblico e affermazioni delle scienze (così se alcune specie, come i dinosauri, sono estinte, i creazionisti dicono che è causa del diluvio universale). E ovviamente si insiste molto sui cosiddetti «anelli mancanti», cioè sui reperti fossili che mancano nella catena dell'evoluzione da una specie all'altra, e più in generale su una presunta debolezza empirica delle teorie evoluzioniste.

Il movimento creazionista nel suo aspetto di lotta contro i sostenitori dell'evoluzionismo apparve negli USA a partire dagli anni Venti e Trenta del secolo scorso[2]; vennero presentati ben 37 progetti di legge che chiedevano di proibire l'insegnamento dell'evoluzionismo negli istituti secondari e in alcuni Stati degli USA furono emanate leggi

[2] Non affrontiamo qui le controversie tra evoluzionisti e creazionisti al di fuori degli USA, perché in altri Stati sono state certamente di tono minore. Né entriamo nell'analisi delle correnti creazioniste musulmane, come ad esempio il caso di Yahya già riferito alla nota 7 di p. 13.

in questo senso. Passò alla storia il cosiddetto «processo della scimmia», tenutosi nel 1925 a Dayton nel Tennessee, dove venne condannato John T. Scopes, un giovane insegnante che aveva finto di aver insegnato l'evoluzionismo[3]. Negli USA solo a partire dagli anni Settanta queste leggi furono abrogate; i creazionisti allora iniziarono a battersi almeno per ottenere che nell'insegnamento pubblico ci fosse una parità di trattamento per l'evoluzionismo e il creazionismo. Si fece eco di queste richieste Ronald Reagan (1911-2004) nella sua seconda campagna presidenziale, quando affermò che

> la comunità scientifica non crede più ormai [alla teoria dell'evoluzione] come ci credeva prima. Ma essa continua a essere insegnata nelle scuole; allora io credo che dovrebbe essere insegnata anche la teoria della Bibbia della creazione[4].

Di fronte a queste richieste di pari trattamento nell'insegnamento scolastico ci fu un nuovo processo della scimmia nel 1981-1982, che questa volta ebbe un esito opposto, perché fu dichiarato incostituzionale l'insegnamento del creazionismo, in quanto convinzione religiosa. Nel 1999, però, ci fu una nuova vittoria dei creazionisti: il comitato dell'educazione del Kansas promosse una raccomandazione che non considerava più obbligatorio l'insegnamento della teoria di Darwin. Come si è visto, con il creazionismo siamo di fronte di per sé non all'affermazione della fede biblica nella creazione, ma a una forma di dogmatismo religioso integralista, che vuole contrapporsi ai risultati delle scienze, più che cercare un dialogo con l'ipotesi evoluzionista.

[3] Per una ricostruzione dei fatti cfr. ad es. G. Meotti, *Il processo della scimmia. La guerra dell'evoluzione e le profezie di un vecchio biochimico*, Lindau, Torino 2006, pp. 61-93.

[4] Citato da J. Arnould, *La Chiesa e la storia della natura*, p. 78 e – in modo leggermente diverso – dallo stesso autore in *Dio o Darwin?*, 43.

2. Il neodarwinismo

In secondo luogo, per comprendere meglio anche quanto abbiamo già letto in Giovanni Paolo II, è necessario definire almeno sommariamente il *neodarwinismo*[5]. Il termine, da un punto di vista scientifico, risale alla fine dell'Ottocento; all'inizio indicò i primi sviluppi delle teorie di Darwin, dove si negava l'ereditarietà dei caratteri acquisiti, e poi, intorno alla metà del secolo scorso, la teoria sintetica dell'evoluzione (vale a dire la coniugazione della genetica con la teoria darwiniana), secondo cui la variazione genetica delle popolazioni viene prodotta da mutazioni casuali. Per il dibattito teologico in genere con questo termine si intende indicare chi concepisce il processo evolutivo come privo di una guida e di un piano; l'evoluzione sarebbe quindi un processo dove ci sono variazioni casuali e di selezione naturale.

Inoltre, il neodarwinismo vuole riprendere il principio della selezione naturale rivisto però in base alle conoscenze della genetica e della biologia molecolare. Anche quando i fenomeni biologici sembrassero mostrare una certa finalità, essa sarebbe solo un'apparenza: tutto in realtà sarebbe regolato da leggi meccanicistiche, prive di ogni scopo, ogni fenomeno può essere spiegato con la causalità materiale ed efficiente. Ogni spiegazione che tirasse in ballo una finalità sarebbe basata su un principio metaempirico e sarebbe un'affermazione metafisica, non più scientifica.

[5] Per una presentazione e una valutazione anche filosofica del neodarwinismo cfr. ad esempio B. Continenza, voce *Neo-darwinismo*, in *Enciclopedia filosofica*, Fondazione Centro Studi Filosofici di Gallarate - Bompiani, Milano 2006, vol. 8, 7823-7826; G. Federspil, *Il dibattito odierno sull'evoluzionismo*, in Paradoxa 1 (2007) 122-131; G. Marletta, *Neodarwinismo e Creazionismo: due opposti fondamentalismi?*, in *Seppellire Darwin? Dalla critica del darwinismo agli albori di una scienza nuova* (Avallon, 56), Il Cerchio, Rimini 2007, pp. 97-108.

Senza entrare nell'analisi di queste posizioni[6], è facile comprendere come qui si vada oltre la proposta con cui l'evoluzionismo si è presentato di fronte alla fede nella creazione: il problema non sta tanto nel rifiutare il senso letterale del testo biblico e quindi il fissismo, quanto nel dire che non solo c'è un'evoluzione delle specie (uomo compreso), ma tale evoluzione è senza una finalità. Detto in termini cristiani, non c'è una provvidenza divina che governa il divenire del mondo. Chi sostiene in modo più radicale questa linea arriverà dunque a dire che le mutazioni spontanee e casuali riescono a spiegare i processi evolutivi; altri diranno in modo più ristretto che tali mutazioni casuali servono a spiegare i processi microevolutivi[7]. In ogni caso, nella linea del neodarwinismo l'evoluzione viene di fatto presentata come un processo materialistico contingente ed è molto difficile prevedere uno spazio di azione per la provvidenza divina.

3. L'Intelligent Design

In terzo luogo, per entrare nei dibattiti degli ultimi anni sul come conciliare l'ipotesi evoluzionistica e la fede nella creazione, è necessario venire a conoscere quanto viene

[6] Uno degli autori più noti e discussi degli ultimi anni che ha sostenuto simili posizioni è Richard Dawkins, un etologo britannico nato nel 1941, ateo militante che difende il darwinismo in chiave anti-cristiana e anti-cattolica in particolare. La sua visione dell'evoluzione, affrontata sulla prospettiva dei geni, si basa sulla convinzione che per spiegare l'evoluzione non sia necessario ricorrere a un agente estraneo (come potrebbe essere un Creatore), ma basti la selezione cumulativa. Tra le sue pubblicazioni: *Il gene egoista*, Zanichelli, Bologna 1979 [1976]; *L'orologiaio cieco*, Rizzoli, Milano 1988 [1986]; *Il fiume della vita. Cos'è l'evoluzione*, Sansoni, Milano 1995; *L'illusione di Dio*, Mondadori, Milano 2007 [2006]. Per una confutazione delle sue posizioni cfr. ad es. A. McGrath, *Dio e l'evoluzione. La discussione attuale*, Rubbettino, Soveria Mannelli 2006; A. e J.C. McGrath, *L'illusione di Dawkins. Il fondamentalismo ateo e la negazione del divino*, Alfa & Omega, Caltanissetta 2007.

[7] Per una riflessione più approfondita cfr. F. Facchini, *Neodarwinismo e creazionismo scientifico: attenzione ai salti di corsia*, in *L'Osservatore Romano* 23.11.2007, p. 5.

indicato con l'espressione inglese di *Intelligent Design*[8]. Si potrebbe presentare questa posizione in modo molto semplice dicendo che si tratta di una specie di compromesso tra il neodarwinismo e il creazionismo; non a caso viene a volte chiamato «creazionismo scientifico». Infatti i sostenitori (tra gli altri si possono ricordare i nomi di Michael J. Behe[9] e William A. Dembski[10]) lo presentano come una teoria

[8] Per una prima informazione e per alcune voci critiche su questa posizione cfr. J. Morisson, *L'univers a-t-il un sens? Dessein intelligent: le débat*, in *Le Monde de Religions* sept-oct. 2006, 6-11; T. Pievani, *Creazione senza Dio*, pp. 57-110 (in particolare contro Dembski). Come le altre questioni che stiamo affrontando, anche quella sull'Intelligent Design ha provocato in questi ultimi anni un'ampia letteratura; ecco alcuni titoli in italiano: A. Autiero - P. Costa - S. Morandini, *Creati dagli animali? Evoluzionismo, disegno intelligente e natura umana*, in *Il Regno - Attualità* 51 (2006) 290-295; P. Barrajón, *Il dibattito intorno all'«Intelligent Design»*, in *21*[mo] *secolo - Scienza e tecnologia* 18 (2007), n. 3, 4-13; E.M. Carreira Pérez, *Scienza e fede: caso e progetto*, in *La Civiltà Cattolica* 157 (2006) I 319-331; R. Chiaberge, *La variabile Dio. In cosa credono gli scienziati? Un confronto tra George Coyne e Arno Penzias*, Longanesi, Milano 2008, pp. 95-119; F.S. Collins, *Il linguaggio di Dio*, Sperling & Kupfer, Milano 2007, pp. 184-200; U. Fasol, *La creazione della vita. Disegno intelligente o beffardo scarabocchio?*, con un testo del card. Christoph Schönborn, Fede & Cultura, Verona 2007; G. Gatti, *Scienza e fede: a proposito di «Intelligent Design»*, in *Salesianum* 59 (2007) 239-254; Ph. Larrey, *Solo un disegno intelligente può spiegare l'universo*, in *Vita e Pensiero* 88 (2005), n. 4, 114-119; A. Lavazza (a cura di), *Darwin contro il disegno intelligente: la lotta continua*, in *Vita e Pensiero* 89 (2006) 8-20; C. Molari, *Darwinismo e fede in Dio*, in *Rocca* 15.1.2007, 52-53; Id., *Creazione senza Dio?*, in *Rocca* 15.2.2007, 52-53; J. Polkinghorne, *Dio, designer dell'universo*, in *Avvenire* 26.11.2008, p. 32; G. Scalmana, *Qualche dubbio sull'*intelligent design, in *Dialoghi* 6 (2006), n. 2, 94-97; R. Spaemann, *Discendenza e disegno intelligente*, in S.O. Horn - S. Wiedenhofer (a cura di), *Creazione ed evoluzione. Un convegno con papa Benedetto XVI a Castel Gandolfo*, EDB, Bologna 2007, pp. 53-60; S. Visintin, *L'«Intelligent Design Movement» e la teologia*, in *Studia Patavina* 53 (2006) 727-746.

[9] Michael J. Behe (1952-) è cattolico ed è docente di Biochimica alla Lehigh University in Pennsylvania. Tra i suoi scritti si può ricordare soprattutto: *Darwin's black box. The biochemical challenge to evolution*, The free Press, New York 1996; 2003[2]; trad. italiana: *La scatola nera di Darwin. La sfida biochimica all'evoluzione*, Alfa & Omega, Caltanissetta 2007 (il testo del 1996 lanciò il movimento dell'Intelligent Design; nella nuova edizione Behe spiega che da allora la complessità scoperta dai macrobiologi è cresciuta in maniera notevole e rappresenta una continua sfida al darwinismo).

[10] Dembski (1960-), cristiano evangelico, è un matematico; tra le sue pubblicazioni cfr. *Intelligent Design. The Bridge between Science and Theology*, InterVarsity Press, Downer's Grove, Ill. 1999; trad. italiana: *Intelligent design. Il ponte fra scienza e teologia*, Alpha & Omega, Caltanissetta 2007.

scientifica, che dimostrerebbe che non esiste casualità nei processi dell'evoluzione, perché tutto si svolgerebbe secondo un progetto scritto nei geni. In questo senso, l'Intelligent Design si contrappone direttamente al neodarwinismo.

Esito curioso di questa proposta è che in genere riesce a mettere d'accordo i creazionisti e i (neo)darwinisti, nel senso che entrambi i gruppi lo criticano: per i primi, infatti, l'Intelligent Design è troppo poco, perché bisognerebbe osare chiamare per nome quel Dio che è l'autore del progetto intelligente che si è svolto così come narrato dalla Bibbia; per i secondi, e più in generale per gli scienziati, si tratta invece di una affermazione meta-scientifica, che lascia il campo proprio della scienza per sconfinare in una professione di fede. Per quanto possa essere un modo con cui – almeno secondo i sostenitori – si riafferma la verità della Bibbia, anche dal punto di vista della teologia si fa notare la problematicità di questa soluzione: non è difficile, infatti, comprendere come qui Dio rischierebbe solo di arrivare come risposta a quanto la scienza ancora non riesce a spiegarsi da sola; quello che oggi si chiama progetto intelligente e che sarebbe la conferma della presenza di Dio nel processo evolutivo un domani potrebbe essere spiegato da nuove conoscenze delle scienze[11].

Ancora una volta la questione ha assunto toni particolarmente vivaci negli USA, dove il presidente George W. Bush nel luglio 2005 si è espresso a favore di chi vuole affiancare alla teoria darwiniana anche l'insegnamento

[11] Tra coloro che teologicamente criticano l'utilità di rifarsi all'Intelligent Design possiamo se non altro citare Fiorenzo Facchini (1929-), uno degli autori che in Italia più ha scritto sul tema dell'evoluzionismo da un punto di vista insieme scientifico e di fede cristiana. Facchini è un sacerdote dell'arcidiocesi di Bologna e insieme uno scienziato; dal 1976 al 2005 è stato docente di antropologia all'Università di Bologna e docente di paleontologia umana nella Scuola di perfezionamento in Archeologia; ha svolto ricerche in paleoantropologia, auxologia e sui polimorfismi genetici, con spedizioni nel Kazakhistan (1993) e nel Kirghizistan (1994) per lo studio dell'adattamento umano alle alte quote; è autore di oltre 350 pubblicazioni.

dell'Intelligent Design, in base al principio per cui gli studenti hanno il diritto ad avere il confronto tra posizioni diverse. Un po' in analogia con il primo processo della scimmia (cfr. sopra), ma questa volta con esito opposto, di nuovo negli USA la questione dell'insegnamento dell'evoluzionismo o dell'Intelligent Design è finita in un'aula di tribunale. Questa volta si è trattato di un caso scoppiato nelle scuole di Dover, che è stato giudicato il 20.12.2005 dalla corte federale di Harrisburg, la quale ha dichiarato incostituzionale l'insegnamento dell'Intelligent Design perché sarebbe solo una «progenie del creazionismo»[12]. Negli USA, di fatto, il movimento a favore dell'Intelligent Design è stato uno dei modi con cui i creazionisti, sconfitti in altre battaglie (come abbiamo appena visto), hanno cercato di presentarsi nei primi anni del XXI secolo[13].

4. Due interventi del 2005

Che il creazionismo, il neodarwinismo e l'Intelligent Design siano posizioni che sono entrate in dialogo con il pensiero cattolico è stato evidente con due fatti del 2005. Il primo è quella breve frase pronunciata da Benedetto XVI nell'omelia della sua prima messa da pontefice in piazza San Pietro e che abbiamo già citato a p. 11:

> Non siamo il prodotto casuale e senza senso dell'evoluzione. Ciascuno di noi è il frutto di un pensiero di Dio. Ciascuno di noi è voluto, ciascuno è amato, ciascuno è necessario.

[12] Per una ricostruzione giornalistica dei fatti cfr. G. Meotti, *Il processo della scimmia*, pp. 9-20.

[13] Non entriamo qui in una questione che potrebbe essere collegata con la teoria dell'Intelligent Design: il cosiddetto *principio antropico*. La presenza di questo principio nel cosmo, che – come dice il nome stesso – tenderebbe a vedere l'uomo come vertice dello sviluppo (il cosmo avrebbe le caratteristiche tali per cui alla fine doveva emergere l'uomo), è un'ipotesi che normalmente non viene collegata con il dibattito dell'evoluzionismo; il principio antropico, del resto, è un'ipotesi fatta da fisici, e non tanto da biologi.

Alla luce di quanto abbiamo appena esposto, non c'è da stupirsi che qualcuno abbia letto in quella frase un riferimento al neodarwinismo e all'Intelligent Design, che pareva qui accennato nell'espressione «pensiero di Dio». Molto più rumore ha poi creato un secondo intervento del 2005: meno di tre mesi dopo quella frase pronunciata da Benedetto XVI nella messa di inizio del suo pontificato, un articolo sul *New York Times* dell'arcivescovo di Vienna, il domenicano card. Christoph Schönborn[14], tradusse quell'affermazione in una ripresa del dibattito su creazione ed evoluzione, criticando le componenti ideologiche del darwinismo; questo articolo ha aperto un ampio dibattito,

[14] Schönborn (1945-), discendente da un'antica famiglia nobile dell'Europa centrale, nel 1963 è entrato nei domenicani e ha studiato anche all'Institut Catholique e alla Sorbona di Parigi; durante gli studi conobbe a Regensburg Joseph Ratzinger. Dal 1975 insegnò come professore ospite e poi come professore ordinario dogmatica cattolica e dal 1978 teologia dell'oriente cristiano all'Università di Friburgo in Svizzera. Nel 1980 fu nominato membro della Commissione Teologica Internazionale e nel 1987 segretario della Commissione per la redazione del *Catechismo della Chiesa Cattolica*. Nel 1991 fu nominato ausiliare di Vienna, di cui divenne arcivescovo nel 1995.

L'articolo cui ci riferiamo è: *Finding Design in Nature*, in *New York Times* 7.7.2005 (lo stesso giornale due giorni dopo precisava di aver pubblicato questo articolo in quanto sollecitato dal Discovery Institute, un gruppo di Seattle che promuove gli insegnamenti alternativi all'evoluzione). Per il pensiero di Schönborn sul rapporto tra creazione ed evoluzione cfr. *Catechesi della creazione e teoria dell'evoluzione (dalla tregua al conflitto costruttivo)*, in *Communio* n. 100 (1988) 30-46; *The Designs of Science*, in *First Things* 159 (January 2006) (è un articolo in cui riprende le sue tesi dell'articolo del 2005 sul *New York Times* e le precisa contro chi l'ha criticato); *Prefazione*, in S.O. Horn - S. Wiedenhofer (a cura di), *Creazione ed evoluzione. Un convegno con papa Benedetto XVI a Castel Gandolfo*, EDB, Bologna 2007, pp. 5-18; *Fides - Ratio - Scientia. Il dibattito sull'evoluzionismo*, in *ibidem*, pp. 75-96 (questo intervento è stato proposto, con qualche minima variazione, anche come conferenza il 18.4.2007 al Marcianum di Venezia e pubblicato come: *Creazione ed evoluzione*, in *Il Regno - documenti* 52 [2007] 313-320); *Ziel oder Zufall? Schöpfung und Evolution aus der Sicht eines vernünftigen Glaubens*, Herder, Freiburg in Br. 2007; trad. italiana: *Caso o disegno? Evoluzione e creazione secondo una fede ragionevole*, ESD, Bologna 2007 (sono i testi delle catechesi tenute nel duomo di Vienna nel 2005/06 sulla creazione); *Creazionismo ed evoluzionismo senza ideologie possono incontrarsi*, in *L'Osservatore Romano* 17.7.2008, pp. 4-5 (è un intervento alla Giornata Mondiale della Gioventù di Sydney in Australia; in pratica è lo stesso testo, solo con qualche taglio, pubblicato come *Fides - Ratio - Scientia* o come *Creazione ed evoluzione*).

perché sembrava mettere in dubbio un tacito assenso della Chiesa alla teoria darwiniana. Dopo l'intervento del 1996 di Giovanni Paolo II, infatti, una certa parte dell'opinione pubblica pensava di poter concludere che la Chiesa cattolica accettava in fin dei conti l'evoluzionismo (per quanto, come abbiamo visto, la posizione di Giovanni Paolo II era molto più articolata e precisa); qui invece Schönborn si mostrava critico verso l'evoluzionismo, sostenendo che un credente non può accettare una tesi che neghi ogni «finalità» al divenire del mondo (cfr. la casualità tipica del neodarwinismo).

Quel breve articolo sul *New York Times* ha suscitato un ampio dibattito[15], provocato anche dal fatto di essere un articolo pubblicato negli USA proprio mentre si era in attesa della sentenza di Harrisburg sull'insegnamento dell'Intelligent Design. È però molto significativo che questo intervento (e più in generale le posizioni del card. Schönborn sull'evoluzionismo) abbia suscitato molto interesse; evidentemente, proprio i fenomeni che abbiamo presentato del neodarwinismo, del creazionismo e dell'Intelligent Design dicono che la teologia cattolica deve oggi confrontarsi con nuovi aspetti del dialogo tra evoluzione e creazione e, d'altra parte, anche chi non si riconosce nella comunità cattolica è interessato a quanto la teologia può dire. Del resto, il titolo dato a quell'articolo – *Individuare*

[15] Per i commenti e le critiche all'articolo del 2005 si può vedere ad es.: S. Barr, *The Design of Evolution*, in *First Things* 156 (October 2005) 9-12; P.H. Byrne, *Evolution, Randomness, and Divine Purpose: A Reply to Cardinal Schönborn*, in *Theological Studies* 67 (2006) 653-665; W.E. Carroll, *At the Mercy of Chance? Evolution and Catholic Tradition*, in *Revue des questions scientifiques* 177,2 (2006) 179-203; G. Coyne, *God's chance creation*, in *The Tablet* 06.08.2005, pp. 6-7; F. Euvé, *Pour une théologie de l'Évolution*, in *Études* 105 (2006) 339-350; J. Haught, *Darwin and the Cardinal*, in *Commonweal* 12.08.2005; Th. Möllenbeck, *Der Kardinalfehler - Theologische Spekulation mit «Intelligent Design?»*, in *Theologie und Glaube* 98 (2008) 261-286 ; T. Pievani, *In difesa di Darwin*, pp. 48-61; R.J. Russell, *A Critical response to Cardinal Schönborn's Concern over Evolution*, in *Theology and Science* 4 (2006) 193-198; S.O. Horn, *Kirche: Zwischen Schöpfungslehre und Evolutionstheorie*, in *Herder Korrespondenz* 60 (2006) 493-495.

un disegno nella natura – non poteva non far pensare all'Intelligent Design e non c'è da stupire che poi qualcuno abbia accusato l'arcivescovo di Vienna di esserne un sostenitore, o di difendere comunque una forma di creazionismo. Ecco una traduzione di buona parte del testo dell'articolo, che ha come punto di partenza le interpretazioni sbagliate della posizione del 1996 di Giovanni Paolo II:

> Fin dal 1996, quando papa Giovanni Paolo II aveva detto che l'evoluzione (il termine non lo aveva definito) era «più di una semplice ipotesi», i difensori del dogma neodarwiniano hanno spesso affermato la supposta accettazione – o per lo meno un tacito consenso – della Chiesa cattolica romana, quando essi difendono la loro teoria come in qualche modo compatibile con la fede cristiana.
>
> Ma questo non è vero. La Chiesa Cattolica pur lasciando alla scienza molti dettagli sulla storia della vita sulla terra, proclama che grazie alla luce della ragione l'intelletto umano può prontamente e chiaramente discernere un fine e un disegno nel mondo naturale, incluso il mondo degli esseri viventi.
>
> L'evoluzione nel senso di una comune discendenza può essere vera, ma l'evoluzione nel senso neodarwiniano – intesa cioè come un processo senza guida e senza scopo di variazione casuale e selezione naturale, senza una guida e senza un piano – non lo è. Un sistema di pensiero che neghi o tenti di confutare la palmare evidenza di un disegno nella biologia è ideologia, non è scienza.
>
> [...] i neodarwinisti hanno recentemente cercato di ritrarre il nostro nuovo papa, Benedetto XVI, come un evoluzionista soddisfatto. Hanno citato una frase sulla comune discendenza, da un documento della Commissione Teologica Internazionale del 2004, sottolineando che a quel tempo Benedetto XVI era capo della commissione, e hanno concluso che la Chiesa cattolica non ha problemi con la nozione dell'«evoluzione» così com'è usata dai biologi più quotati – e cioè come sinonimo di neodarwinismo.
>
> Il documento della commissione riafferma invece l'insegnamento perenne della Chiesa cattolica sull'esistenza di un disegno nella natura. Commentando il diffuso fraintendimento della lettera sull'evoluzione di Giovanni Paolo II del 1996, la commissione

avverte che «la lettera non può essere letta come una generale approvazione di tutte le teorie dell'evoluzione, incluse quelle di provenienza neodarwiniana che esplicitamente negano che la divina provvidenza possa essere vera causa dello sviluppo della vita nell'universo».

Inoltre, secondo la commissione, «un processo di evoluzione non guidato – che sia totalmente estraneo all'azione della divina provvidenza – semplicemente non può esistere». [...] Ora all'inizio del XXI secolo, dovendo far fronte a pretese scientifiche come il neodarwinismo e le diverse ipotesi di cosmologia inventate per evitare la palmare evidenza dell'esistenza di un fine e di un disegno presente nella scienza moderna, la Chiesa cattolica difenderà di nuovo la ragione umana proclamando che l'immanente disegno evidente nella natura è reale. Le teorie scientifiche che cercano di giustificare l'apparire del disegno come il risultato «del caso e della necessità» non sono affatto scientifiche, ma, così come ha affermato Giovanni Paolo II, sono un'abdicazione dell'intelligenza umana.

Come si vede, il testo di Schönborn non è in realtà una presa di posizione a favore dei sostenitori dell'Intelligent Design; la sua polemica è invece contro la casualità professata dal neodarwinismo e il suo intento è quello di difendere la fede cristiana della creazione specialmente per quanto riguarda la provvidenzialità del piano divino, che viene qui espressa con i termini: «discernere un fine e un disegno nel mondo naturale», «palmare evidenza di un disegno», l'evoluzione ha una «guida», un «piano» e un «disegno»[16]. L'intento polemico non è certo contro l'ipotesi evoluzionistica in sé: Schönborn ammette che può essere vera se intende la presenza di una comune discendenza.

[16] Pare, però, pertinente la lunga critica alle posizioni di Schönborn espressa da Martin Rhonheimer, docente di filosofia alla Pontificia Università della Santa Croce di Roma (cfr. *Teoria dell'evoluzione neodarwinista,* Intelligent design *e creazione. In dialogo con il cardinal Christoph Schönborn*, in *Acta Philosophica* 17 [2008] 87-132): Schönborn – almeno in quest'articolo – pare rifiutare troppo velocemente la teoria dell'evoluzione neodarwinista, mentre bisogna considerare che anche una spiegazione dell'evoluzione che parta dal caso è in realtà compatibile con la fede nella creazione.

Molto probabilmente ha ragione chi ha detto che in quel breve articolo Schönborn non ha potuto esporre compiutamente una riflessione sul come possano dialogare i dati della scienza con quelli della fede; del resto, lo stesso porporato austriaco ha precisato meglio le sue posizioni non solo in una serie di catechesi tenute nel duomo di Vienna a partire dall'ottobre 2005, ma anche e soprattutto in un intervento da lui tenuto nel 2006. Anche in relazione alle polemiche suscitate da quell'articolo dell'estate del 2005, Benedetto XVI volle che l'annuale incontro dei suoi ex-allievi, continuato anche dopo la sua elezione a pontefice, previsto per il settembre del 2006 presso la residenza estiva di Castel Gandolfo, si tenesse proprio sul tema «Creazione ed evoluzione»[17].

In quell'occasione Schönborn ha affrontato più ampiamente il tema del «progetto» che si può rintracciare nella natura, cioè di quella progettualità e di quel finalismo che l'evoluzione in senso neodarwiniano nega. Il punto di partenza del suo ragionamento dà già subito una risposta a un certo modo di intendere l'argomentazione dell'Intelligent Design: Dio non può «servire» soltanto a dare ragione ai punti oscuri delle conoscenze scientifiche fungendo da regolatore supremo del funzionamento dell'universo, altrimenti – come disse Laplace quando scoprì le leggi meccaniche dell'orbita dei pianeti – a un certo punto si può dire riferendosi a Dio: «non ho più bisogno di questa ipotesi». Il rapporto tra creazione ed evoluzione va invece chiarito, secondo Schönborn, partendo dalla filosofia della natura:

[17] Gli atti di quel convegno sono stati pubblicati in italiano come: S.O. Horn - S. Wiedenhofer (a cura di), *Creazione ed evoluzione. Un convegno con papa Benedetto XVI a Castel Gandolfo*, EDB, Bologna 2007. Oltre alla prefazione e all'articolo scritti da Schönborn (cfr. sopra alla nota 14), contengono il dibattito tra i relatori e con Benedetto XVI e le seguenti relazioni: P. Schuster, *Evoluzione e disegno. Tentativo di una ricognizione della teoria dell'evoluzione*, pp. 21-52; R. Spaemann, *Discendenza e disegno intelligente*, pp. 53-60; P. Erbrich, *Il problema della creazione e dell'evoluzione*, pp. 61-74; S. Wiedenhofer, *Fede nella creazione e teoria dell'evoluzione. Differenza e punto d'intersezione*, pp. 169-195.

ciò significa innanzi tutto smascherare le componenti ideologiche (soprattutto il materialismo) che possono essere state associate all'ipotesi scientifica dell'evoluzionismo; in secondo luogo dev'essere possibile discutere le questioni ancora aperte della teoria dell'evoluzione, rifiutando quindi un certo «dogmatismo» della scienza allo stesso modo con cui va evitato il creazionismo:

> È accettabile, per la fede cattolica, la possibilità che il Creatore si serva anche dello strumento dell'evoluzione. La questione è piuttosto se l'evoluzionismo (come visione del mondo) sia conciliabile con la fede in un Creatore. Tale questione presuppone, a sua volta, che si pervenga a un chiarimento dei presupposti filosofici, di pensiero, dell'intero dibattito sull'evoluzione.

Per il cardinale austriaco ciò significa giungere a dire qualcosa di più dell'osservazione per cui teologia e teoria dell'evoluzione non entrano in conflitto perché si occupano di due ambiti diversi. Non basta lasciare separati i due campi, perché anche la scienza deve chiedersi se nella natura esistono dei fini: ora, come Schönborn stesso ha scritto in quell'articolo del 2005 sul *New York Times*, l'osservazione della natura ci parla con una schiacciante evidenza di un ordine, di un progetto, di un'intenzione in essa presente; la natura si comporta come se avesse dei fini. La scienza, con il suo metodo quantitativo e misuratore, non può riconoscere questo progetto, al limite ne coglie i frutti; ma se volutamente si chiude alla «leggibilità» di un fine nella realtà sceglie allora il materialismo:

> Una visione materialistica e ristretta della scienza scambia le lettere per il testo. Lo studio e l'analisi delle lettere materiali sono propedeutici alla lettura del testo. Ma esse non sono il testo stesso, bensì il suo supporto materiale. [...] La scienza che si limita *soltanto* alle condizioni naturali è «monca di una mano» e quindi «unilaterale». Le manca ciò che qualifica l'uomo come tale: il dono di potersi elevare, con la ragione e l'intuizione, al di sopra delle condizioni materiali, e di penetrare fino al senso, alla verità, al «messaggio dell'autore del testo».

Ecco allora il contributo che la fede può dare alla scienza: la dottrina della creazione dà una risposta all'appello che viene dalla lettura della natura, che porta in sé la leggibilità di un creatore. Ma non la dà in modo «affrettato», come fa l'Intelligent Design; la fede, infatti, riflette anche su ciò che nell'evoluzione sembra non avere un senso (i tentativi falliti del processo evoluzionistico, le catastrofi, le brutalità della lotta per la sopravvivenza), riflette sull'uomo che cerca una risposta al dolore; a tutto ciò la fede offre una risposta: il Logos di Dio, che sulla croce ha preso su di sé l'intera storia dell'universo con la sua evoluzione, la negatività del dolore e del male morale, e che con questa croce ci ha aperto la porta della risurrezione. E citando l'omelia pasquale di Benedetto XVI del 2006 (cfr. più avanti) Schönborn conclude che la fede può indicare nella risurrezione di Cristo il traguardo dell'evoluzione:

> Questo è il traguardo «dell'evoluzione». A partire dalla sua fine, dal suo completamento, si manifesta anche il suo senso. Anche se nelle sue singole fasi può forse apparire priva di fine e di orientamento, dalla prospettiva della Pasqua quel lungo cammino ha avuto un senso. Non: «il cammino è la meta», ma: «la risurrezione è il senso del cammino»[18].

[18] Le citazioni di questi brani sono da *Fides - Ratio - Scientia*, pp. 82.93.96.

IX.

Alcune posizioni teologiche degli ultimi anni

Non è possibile in breve sintetizzare l'amplissimo dibattito che si è aperto in campo cattolico in questi ultimi anni sulle questioni connesse con l'evoluzionismo[1] e in particolare su questi ultimi sviluppi legati al creazionismo, al neodarwinismo e all'Intelligent Design.

A mero titolo di esempio, per far vedere alcuni modi con cui oggi si cerca di far dialogare all'interno della teologia cattolica l'evoluzionismo e la fede nella creazione, tenendo conto di quanto c'è stato nel passato, presentiamo quattro posizioni: la prima, quella della Commissione Teologica Internazionale, per l'autorevolezza dell'organismo che l'ha emanata; le altre per vedere come oggi possono venire trattati due punti che abbiamo incontrato più volte: l'origine del cosmo e l'origine dell'uomo come essere vivente particolare all'interno delle altre specie animali.

1. La Commissione Teologica Internazionale

La Commissione Teologica Internazionale, nel suo documento del 2004 *Comunione e servizio. La persona umana creata a immagine di Dio*, affronta un'ampia serie

[1] Cfr. l'indicazione di alcuni testi in italiano nel par. 2 della Bibliografia finale.

di questioni oggi dibattute a proposito dell'antropologia cristiana e della dottrina della creazione. È quindi ovvio che affronti anche il dibattito sull'evoluzionismo; qui ci riferiamo in particolare ai numeri 62-70 di questo documento[2]. Dopo aver ricordato le teorie scientifiche oggi più accreditate e le posizioni di Pio XII e Giovanni Paolo II, sottolinea innanzi tutto alcune caratteristiche teologiche dell'atto creatore di Dio:

> Al cuore dell'atto divino della creazione c'è il desiderio divino di fare spazio alle persone create nella comunione delle Persone increate della Santissima Trinità, attraverso la partecipazione adottiva in Cristo. [...] se la verità centrale concerne una persona che agisce liberamente, è impossibile parlare di una necessità o di un imperativo alla creazione, e in ultima analisi non è corretto parlare del Creatore come di una forza, di un'energia o di una causa impersonale. La creazione *ex nihilo* è l'azione di un agente *personale* trascendente, che agisce liberamente e intenzionalmente, teso alla realizzazione delle finalità totalizzanti dell'impegno personale. Nella tradizione cattolica la dottrina dell'origine degli esseri umani articola la verità rivelata di questa visione fondamentalmente relazionale o personalista di Dio e della natura umana. L'esclusione del panteismo e dell'emanazionismo nella dottrina della creazione può essere interpretata alla radice come un modo di difendere questa verità rivelata. La dottrina della creazione immediata o speciale di ogni singola anima umana non solo affronta la discontinuità ontologica tra materia e spirito, ma getta anche le basi per una divina intimità che abbraccia ogni singola persona umana sin dal primo momento della sua esistenza (n. 65).

La creazione è dunque in primo luogo un atto libero di Dio, non segue necessariamente un processo predeterminato. Bisogna comprendere bene il concetto di «causalità»: che Dio sia creatore significa che

> Dio è causa non solo dell'*esistenza*, ma anche causa delle *cause*. L'azione di Dio non si sostituisce all'attività delle cause creaturali,

[2] Lo si può reperire per esempio in *La Civiltà Cattolica* 155 (2004) IV 254-286.

ma fa sì che queste possano agire secondo la loro natura e, ciononostante, conseguire le finalità da lui volute. Nell'avere voluto liberamente creare e conservare l'universo, Dio vuole attivare e sostenere tutte quelle cause secondarie la cui attività contribuisce al dispiegamento dell'ordine naturale che egli intende produrre. Attraverso l'attività delle cause naturali, Dio provoca il verificarsi di quelle condizioni necessarie alla comparsa e all'esistenza degli organismi viventi e, inoltre, alla loro riproduzione e differenziazione. Nonostante che sia in corso un dibattito scientifico sul grado di progettualità o intenzionalità empiricamente osservabile in questi sviluppi, essi hanno *de facto* favorito la comparsa e lo sviluppo della vita. I teologi cattolici possono vedere in un tale ragionamento un sostegno alle affermazioni derivanti dalla fede nella divina creazione e nella divina Provvidenza. Nel disegno provvidenziale della creazione, il Dio uno e trino ha voluto non solo creare un posto per gli esseri umani nell'universo, ma anche, e in ultima analisi, riservare ad essi uno spazio nella sua stessa vita trinitaria. Inoltre, operando come cause reali anche se secondarie, gli esseri umani contribuiscono a trasformare e a dare una nuova forma all'universo (n. 68).

Come si vede, il documento accenna almeno indirettamente alle posizioni dell'Intelligent Design parlando di una «progettualità» verificabile tra i vari organismi viventi. Ma il discorso punta a distinguere attentamente i piani tra causalità divina e causalità creata; il che diventa la base per impostare il rapporto tra creazione ed evoluzione:

L'attuale dibattito scientifico sui meccanismi dell'evoluzione sembra talvolta partire da un'errata concezione della natura della causalità divina e necessita quindi di un commento teologico. Molti scienziati neodarwinisti, e alcuni dei loro critici, hanno concluso che se l'evoluzione è un processo materialistico radicalmente contingente, guidato dalla selezione naturale e da variazioni genetiche casuali, allora in essa non può esserci posto per una causalità provvidenziale divina. Una compagine sempre più ampia di scienziati critici del neodarwinismo segnala invece le evidenze di un disegno (ad esempio, nelle strutture biologiche che mostrano una complessità specifica) che secondo loro non può essere spiegato in termini di un processo puramente contingente, e che è stato ignorato o mal interpretato dai neodarwinisti. Il nocciolo di questo acceso dibattito concerne l'osservazione scientifica e la generalizzazione, in quanto ci si domanda se i dati disponibili possono far propendere a favore del disegno o del caso: è una controversia che non può essere risolta attraverso la teologia. È tuttavia importante notare che, secondo la concezione cattolica della causalità divina, la vera contingenza nell'ordine creato non è incompatibile con una Provvidenza divina intenzionale. La causalità divina e la causalità creata differiscono radicalmente in natura e non soltanto in grado. Quindi, persino l'esito di un processo naturale veramente contingente può ugualmente rientrare nel piano provvidenziale di Dio per la creazione. Secondo san Tommaso d'Aquino: «Effetto della divina Provvidenza non è soltanto che una cosa avvenga in un modo qualsiasi; ma che avvenga in modo contingente, o necessario. Perciò quello che la divina Provvidenza dispone che avvenga infallibilmente e necessariamente, avviene infallibilmente e necessariamente; quello che il piano della divina Provvidenza esige che avvenga in modo contingente, avviene in modo contingente» (*Summa Theol.* I, 22, 4 ad 1). Nella prospettiva cattolica, i neodarwinisti che si appellano alla variazione genetica casuale e alla selezione naturale per sostenere la tesi che l'evoluzione è un processo completamente privo di guida vanno al di là di quello che è dimostrabile dalla scienza. La causalità divina può essere attiva in un processo che è *sia* contingente *sia* guidato. Qualsiasi meccanismo evolutivo contingente può esserlo soltanto perché fatto così da Dio. Un processo evolutivo privo di guida – un processo che quindi non rientra nei confini della divina Provvidenza – semplicemente non può esistere poiché «la causalità di Dio, il quale è l'agente primo, si estende a tutti gli esseri, non solo quanto ai princìpi della specie, ma anche quanto ai princìpi individuali [...]. È necessario che tutte le cose siano soggette alla divina Provvidenza, nella misura della loro partecipazione all'essere» (*Summa Theol.* I, 22, 2) (n. 69).

Questo numero 69 del documento si rivela così il contributo centrale per cercare di impostare il dialogo tra evoluzione e creazione. Abbiamo letto che il terreno di confronto è innanzi tutto il neodarwinismo e poi coloro che sostengono l'Intelligent Design; la fede cristiana non si schiera di per sé necessariamente con i secondi, perché parla di una causalità divina che è diversa per essenza dalla causalità creata e quindi può essere operante sia in un processo evolutivo contingente e casuale sia in un processo evolutivo che mostri chiaramente la presenza di un'intelligenza-guida. La fede cristiana non può rinunciare ad affermare che tutto sia sotto la Provvidenza divina; invece, che l'evoluzione si muova secondo un disegno o secondo il caso «è una controversia che non può essere risolta attraverso la teologia».

Questo testo del 2004 si presenta pertanto come un esempio di grande maturità nel dialogo tra creazione ed evoluzione: è immediatamente evidente il grande passo in avanti che si è fatto rispetto al modo di impostare la questione di pochi decenni prima e la proposta di riflettere sulla peculiarità della causalità divina introduce degli importanti elementi chiarificatori anche rispetto alle proposte più indagate negli ultimi tempi (creazionismo, neodarwinismo, Intelligent Design).

2. Stefan Bauberger

Per quanto riguarda poi l'origine del cosmo, possiamo citare la posizione del gesuita Stefan Bauberger in un articolo del 2001[3], che affronta il rapporto tra la dottrina di fede della creazione e la teoria scientifica dell'esplosione originaria[4]. Avendo studiato non solo teologia, ma anche fisica il docente bavarese imposta la questione partendo

[3] Cfr. *Creazione o esplosione originaria?*, in *La Civiltà Cattolica* 152 (2001) I 136-150. Nato a Monaco nel 1960, dal 1981 è membro della Compagnia di Gesù; ha studiato filosofia e teologia a Monaco di Baviera e poi fisica a Würzburg; nel 2006 ha ottenuto l'abilitazione in filosofia alla Hochschule für Philosophie di Monaco. È docente di filosofia naturale e teoria della scienza.

[4] Cfr. su questo tema anche quanto viene affermato in *Comunione e servizio*, n. 67: «Con riferimento alla *creatio ex nihilo*, i teologi possono notare che la teoria del *Big Bang* non contraddice questa dottrina, sempre che si possa affermare che la supposizione di un inizio assoluto non è scientificamente inammissibile. Poiché la teoria del *Big Bang* in realtà non esclude la possibilità di un precedente stadio della materia, è possibile rilevare che essa sembra dare un sostegno semplicemente *indiretto* alla dottrina della *creatio ex nihilo*, che in quanto tale può essere conosciuta soltanto attraverso la fede».

dalle affermazioni scientifiche. Non bisogna dimenticare, sostiene, che nel modello cosmologico oggi più accettato rimane insoluta la questione che riguarda la «costante cosmologica» (= la presenza di una repulsione regolare nello spazio, che agisce in maniera contraria alla gravitazione, che non si riesce a descrivere con esattezza) e quella che riguarda la «materia oscura» (= i movimenti delle galassie sono influenzati da delle masse che hanno una materia almeno 30 volte più grande di quella di tutta la materia osservabile; quindi noi non conosciamo quasi nulla della maggior parte della materia dell'universo). Non bisogna allora cadere in sintesi semplicistiche, come sarebbe l'affermazione secondo cui un creatore avrebbe posto in atto l'esplosione originaria che oggi le scienze osserverebbero. Qui Dio sarebbe semplicemente un «tappabuchi» che spiegherebbe un confine che la conoscenza scientifica non può superare; e qui Dio sarebbe sullo stesso livello delle altre cause efficienti. Non vanno confusi i due livelli epistemologici: la scienza per sua natura si limita alle cause efficienti e le può intendere solo come una sequenza di fenomeni; la teologia, parlando di creazione, non parla solo di cause, ma intende Dio come la «spiegazione» ultima del mondo: Dio non è solo una causa ulteriore, ma è la «spiegazione personale» (cfr. R. Swinburne):

> L'agire di una persona può essere spiegato in parte su un piano personale e in parte anche su un piano scientifico. La spiegazione personale si riferisce all'intenzione che sta dietro all'agire. La spiegazione scientifica invece descrive come il modo di agire si attui mediante un impulso nervoso e un movimento di muscoli. Le due spiegazioni si collocano perciò su piani diversi e possono coesistere [...]. Questo concetto implica, in una prospettiva semplificata, che una persona causante, ossia Dio, stia accanto al mondo che è creato. Con questo si presuppone un punto di vista superiore, in base al quale Dio e il mondo possono essere considerati l'uno accanto all'altro, e Dio rappresenta una realtà che si aggiunge al mondo. Ciò non corrisponde a un concetto

evoluto di trascendenza, come lo si conosce nel cristianesimo: la creazione è una spiegazione personale del mondo, ma il «creatore» non va inteso come una persona che esiste accanto o anche nel mondo, alla stessa maniera di altre cose o persone, ma come «trascendente» il mondo[5].

La spiegazione teologica della creazione è quindi più ricca di qualsiasi ipotesi scientifica:

> La teologia della creazione non è minacciata seriamente dalla moderna cosmologia. Ed essa non deve neppure cercare di conciliare artificiosamente un concetto tradizionale di creazione (Dio come causa del mondo) con le concezioni della scienza contemporanea [...]. Lo scienziato si limita a una dimensione impersonale della realtà [...] egli può soltanto richiamarsi al «successo» dei programmi della scienza moderna, ma deve pur sempre fare i conti con il fatto che le sue spiegazioni in un modo o nell'altro giungono a un punto in cui si interrompono. Se ci si colloca invece nell'ambito di una metafisica che accetta come realtà obiettiva non solo l'impersonale, ma anche il soggettivo e il personale, allora la spiegazione fisica nella sua «bellezza e intelligibilità razionale» (Polkinghorne), e soprattutto il fenomeno della messa a punto, rimandano razionalmente alla creazione. Questa, intesa nel senso di una spiegazione personale dell'esistenza del mondo, non diventa perciò un espediente o un tappabuchi là dove una spiegazione scientifica non giunge (ancora). Creazione significa spiegazione del mondo su un altro piano, e questa spiegazione è più ricca di qualsiasi teoria scientifica[6].

Come si vede, qui siamo lontanissimi dal modo con cui la questione veniva posta all'inizio del confronto tra teoria evoluzionistica e fede nella creazione. Molto interessante per come impostare il dialogo tra le due è l'affermazione di Bauberger per cui la creazione è una spiegazione del mondo «eccedente» quella che può legittimamente offrire la scienza.

[5] *Creazione o esplosione originaria?*, 146-147.
[6] *Ibidem*, 150.

3. Gianni Colzani

In terzo luogo vediamo come il teologo italiano Gianni Colzani[7] riprenda la peculiarità del discorso della creazione rispetto a quello della scienza. Egli parte dalla diversità dell'approccio del teologo rispetto allo scienziato: il teologo non può accettare un mondo chiuso in se stesso e nelle sue leggi, come natura solo materiale:

> Senza discutere la pertinenza dei diversi modelli scientifici, la fede coglie l'esistere stesso come aperto a una relazione con Dio che lo rende suo dono. È l'esistere stesso, nel suo senso ultimo, a essere relativo a Dio; nelle loro positive interpretazioni dell'empiria, le scienze positive ne dovrebbero tenere conto.
> Queste affermazioni sono tipiche del sapere teologico e il teologo non chiede allo scienziato di confermarle in uno sforzo di concordismo [...] il teologo rivendica il carattere illuminante della fede e non ritiene che se ne possa fare a meno solo perché risponde ad altri criteri epistemologici. Naturalmente anche il teologo deve lasciarsi interpellare dalla scienza[8].

Secondo Colzani in questo dialogo è fondamentale il nodo della finalità:

> Il compito del teologo non è, a mio parere, quello di giustificare l'evoluzione o di intervenire sui suoi eventuali problemi, temi che sono propri dello scienziato; il suo impegno è quello di interrogarsi sul rapporto tra questo mondo, segnato da un dinamismo evolutivo, e quel fondamento unico e originario da cui tutto riceve unità e senso e in cui lo ritrova. Su questa base, il teologo ritiene che il cosmo abbia una intrinseca finalità, legata al disegno divino che lo unifica e lo incammina al suo compimento[9].

[7] Nato nel 1940, sacerdote dell'Arcidiocesi di Milano, autore di numerose pubblicazioni, attualmente è professore ordinario di teologia della missione presso la Facoltà di missiologia della Pontificia Università Urbaniana.

[8] *Teologia cristiana ed evoluzionismo*, in *Rivista del Clero Italiano* 86 (2005) 756-773, qui 763-764.

[9] *Ibidem*, 767.

La sua proposta finale è quella di evitare ogni concordismo: la creazione non è una informazione sulle origini o sulle diverse famiglie di viventi, ma «qualcosa da credere per orientare la propria vita» (p. 768). Ma la creazione va vista in termini non fissisti, ma dinamici; è un dinamismo che è studiato dalle stesse scienze naturali. Queste ultime devono restare aperte a vedere in questo dinamismo l'emergere di un di più, di un salto di qualità:

> Che l'effetto sia più perfetto della causa sembra sì contraddire in radice l'ontologia; per il teologo, tuttavia, la causalità divina è anteriore a ogni principio di causalità ed è in grado di dotare la realtà e, in particolare, il vivente di una capacità di autotrascendenza, di autosuperamento. Non individuabile dalle scienze sperimentali, questa autotrascendenza coincide con l'essere dei viventi e motiva il loro evolversi[10].

Superamento di ogni concordismo, accettazione della proposta dell'evoluzionismo, compito specifico del teologo sono dunque secondo Colzani gli strumenti per un dialogo proficuo tra evoluzione e creazione.

4. Luis Ladaria

Come quarto esempio, infine, vediamo una ripresa del caso che storicamente fece più problema nell'accettare l'ipotesi evoluzionista: l'origine dell'uomo. Secondo il gesuita spagnolo Luis F. Ladaria[11] la precisazione di Pio XII nell'*Humani generis* per quanto riguarda l'origine della persona umana non può essere intesa nel senso di

[10] *Ibidem*, 768-769.

[11] Cfr. *Antropologia teologica*, Piemme - Editrice Pontificia Università Gregoriana, Casale Monferrato (AL) 1995, pp. 166-173. Ladaria, nato nel 1944, nel 1966 è entrato nella Compagnia di Gesù; docente di teologia, è stato dal 1984 ordinario di teologia dogmatica all'Università Gregoriana e dal 2004 segretario della Commissione Teologica Internazionale. Nel luglio del 2008 è stato nominato da Benedetto XVI segretario della Congregazione per la Dottrina della Fede.

un dualismo crasso sull'uomo, perché biblicamente non ci sono motivi per pensare che la maggiore dignità di cui gode l'uomo rispetto alle altre creature riguardi solo la sua anima. Resta però in ogni caso la necessità di spiegare come un intervento «diretto» di Dio interferisca nelle leggi dell'evoluzione, che – essendo iscritte nella natura delle cose – devono venire da Dio stesso:

> L'intervento immediato di Dio nella creazione dell'anima, che non deriva né si deduce dal corso normale dell'evoluzione, ci dice che nell'uomo si produce una novità radicale, un «salto» che gli stadi anteriori non giustificano[12].

Secondo questo teologo la particolarità della creazione dell'uomo sta nel fatto che in essa è avvenuta una chiamata alla comunione con Dio; questo intervento non è contro o nella linea dell'evoluzione, perché è in sé di un ordine radicalmente diverso: è su un livello superiore a quello della causalità efficiente, anche se include quest'ultima. Non c'è quindi una rottura con il processo dell'evoluzione, ma una novità che non spezza o interrompe il corso degli avvenimenti naturali così come Dio li ha voluti:

> Qui c'è un intervento divino che non procede né può basarsi sull'evoluzione anteriore perché è di ordine diverso, anche se non avviene al margine di queste leggi. Questa chiamata sì colloca l'uomo in una maggiore vicinanza rispetto a Dio degli altri esseri, perché è un invito a partecipare alla sua vita. Si situa così su un piano superiore a quello della causalità efficiente, anche se certamente la include [...] così l'uomo proviene da una parte dal «fango» della terra, però ha dall'altra una vita che viene direttamente da Dio (cfr. Gen 2,7). Questa vita divina non gli viene conferita perché è *a priori* situato su di un piano superiore a questo mondo e a questa storia, ma perché con essa si collochi in questo piano trascendente e dia nello stesso tempo senso a tutta la creazione[13].

[12] *Antropologia teologica*, p. 167. Da notare che Ladaria scrive prima del discorso di Giovanni Paolo II del 1996, che parlò – come abbiamo visto – di un «salto ontologico» nel caso dell'uomo.

[13] *Ibidem*, 168.

Tale novità riguarda anche l'origine di ogni singolo uomo individuale (quindi l'origine di ogni «anima»). Non è possibile mettere sullo stesso piano l'azione di Dio e l'azione dei genitori per la nascita di una nuova vita umana: creazione dell'anima dell'individuo significa una chiamata personale e irripetibile che Dio fa a ogni uomo. Qui non c'è solo una causalità efficiente, ma quella che Zubiri ha chiamato causalità «personale»:

> Ogni uomo è oggetto della speciale provvidenza amorosa di Dio. La comparsa di un essere umano non è mai prodotto di un cieco caso, né può collocarsi sullo stesso piano degli altri fenomeni naturali. Dio conosce tutti e chiama per nome[14].

Come si vede, la posizione di Ladaria è lontanissima da come la questione dell'origine dell'uomo veniva impostata nell'epoca preconciliare. Anch'egli chiama in questione il concetto di causalità e fa vedere come la spiegazione offerta dalla fede nella creazione sia più «ampia» rispetto al contributo che può offrire la scienza.

[14] *Ibidem*, 172.

X.

La posizione di Joseph Ratzinger/Benedetto XVI

Terminiamo la nostra analisi storica del rapporto tra creazione ed evoluzione nel Magistero e nella teologia cattolica con le posizioni di Joseph Ratzinger/Benedetto XVI[1], che paiono rappresentare un momento di sintesi

[1] Le sue prese di posizione che qui consideriamo sono in ordine cronologico: *La fede nella creazione e l'evoluzionismo*, in H.J. Schutlz (a cura di), *Wer ist das eigentlich - Gott?*, München 1969; trad. italiana: *Ma chi è questo Dio?* (Punti scottanti di teologia, 35), Edizioni Paoline, Roma 1970, pp. 269-284 (è un testo tratto da una trasmissione radiofonica della Süddeutsche Rundfunk del 1968; Ratzinger allora era docente a Tubinga); *Creazione e peccato. Catechesi sull'origine del mondo e sulla caduta*, San Paolo, Cinisello Balsamo (MI) 1986, pp. 40-46 (si tratta di una parte di una catechesi quaresimale tenuta come arcivescovo di Monaco di Baviera nel 1981); *Gott und die Welt*, DVA, München 2000; trad. italiana: *Dio e il mondo. Essere cristiani nel nuovo millennio*, San Paolo, Cinisello Balsamo (MI) 2001, pp. 100-107.123; *Glaube, Wahrheit, Toleranz. Das Christentum und die Weltreligionen*, Herder, Freiburg 2003, pp. 131-147, specie 143-147; trad. italiana: *Fede, verità, tolleranza. La fede e le religioni del mondo*, Cantagalli, Siena 2003, pp. 170-192, specie 187-192 (è una conferenza tenuta alla Sorbona il 27.11.1999); *L'Europa di Benedetto nella crisi delle culture*, Cantagalli, Siena 2005, pp. 122-123 (tratto da una lezione su *Che cosa significa credere* tenuta alla Scuola di Cultura Cattolica di S. Croce in Bassano); udienza generale del 9.11.2005, in *Insegnamenti di Benedetto XVI,* vol. I (2005), Libreria Editrice Vaticana, s.l. 2006, pp. 767-769; omelia alla veglia pasquale 15.4.2006, in *Insegnamenti di Benedetto XVI,* vol. II/1 (2006), Libreria Editrice Vaticana, s.l. 2007, pp. 453-457; interventi nel dibattito del convegno di Castel Gandolfo 2006, riportati in S.O. Horn - S. Wiedenhofer (a cura di), *Creazione ed evoluzione. Un convegno con papa Benedetto XVI a Castel Gandolfo*, EDB, Bologna 2007, pp. 153-156.165-166; incontro con il clero di Belluno-Feltre e Treviso, Auronzo di Cadore 24.07.2007, in *Insegnamenti di Benedetto XVI,* vol. III/2 (2007), Libreria Editrice Vaticana, s.l. 2008, pp. 56-77; Lettera enciclica *Spe salvi* (30.11.2007), n. 5; discorso alla Plenaria della Pontificia Accademia delle Scienze del 31.10.2008: *Non c'è opposizione tra fede nella creazione e scienza*, in *L'Osservatore Romano* 1.11.2008, pp. 1.7.

particolarmente ricca di tutto il cammino visto finora. Ripercorriamo innanzi tutto le sue posizioni in ordine cronologico, facendo poi emergere le sue scelte di campo per l'impostazione del dialogo tra evoluzione e creazione.

1. Alcuni interventi del teologo Ratzinger

Secondo Joseph Ratzinger, fede ed evoluzione non sono due ottiche inconciliabili. Lo sostiene già nel 1968, in occasione di un intervento a una trasmissione radiofonica; si tratta di due mentalità diverse: la creazione parla del *perché* esiste qualcosa e non il nulla (piano ontologico), mentre l'evoluzione affronta il perché ci sono *queste specie* e non altro (piano fenomenologico). Quindi

> La creazione afferma che l'essere nel suo complesso deriva da un qualche punto, l'evoluzione invece descrive l'intima struttura dell'essere e vuole arrivare alla origine specifica di ogni realtà[2].

Al credente è chiesto di accettare le conquiste della scienza, abbandonando l'immagine pre-scientifica del mondo. Però, sostiene il teologo che in quel tempo insegna a Tubinga, le due mentalità restano radicalmente differenti, prive di un contatto immediato; occorre evitare gli estremi:

- integrare la fede nella creazione con l'evoluzionismo;
- ritenere ingiustificata l'ottica della fede, assolutizzando l'evoluzionismo.

Occorre innanzi tutto notare che la Bibbia e la professione di fede si sono servite nella storia di diverse concezioni

Tra i primi studi sulla posizione di Benedetto XVI sull'evoluzionismo si possono citare F. Brancato, *Creazione ed evoluzione. La grammatica di un dialogo possibile*, prefazione di F. Facchini, Città Aperta, Troina (EN) 2009, pp. 177-207; e V. Aucante, *Création et évolution. La pensée de Benoît XVI*, in *Nouvelle Revue Théologique* 130 (2008) 610-618.

[2] *La fede nella creazione*, p. 272.

del mondo (già nella stessa Bibbia sono molteplici); non pare che sia impossibile che la fede possa servirsi del sistema evoluzionistico. La fede, anzi, offre una risposta al divenire di cui parla l'evoluzione (che di per sé non può dare una risposta al senso ultimo delle mutazioni): dice che

> L'essere temporale in quanto tale, è tutto dominato dall'atto creativo di Dio, che alla sua frammentarietà dà quell'unità che ne è anche il vero senso [...; la creazione è] la progressiva attuazione di un pensiero creatore[3].

Però la fede non può fare a meno di sostenere la creazione di una specie particolare: l'uomo; dall'evoluzione, infatti, non può emergere il primato e la superiorità dello spirito. Resta però problematica la soluzione indicata da Pio XII che dice che solo il corpo dell'uomo è frutto dell'evoluzione: la persona non si può dividere in due parti, e in ogni caso è lo spirito a plasmare il corpo. Ecco la soluzione che Ratzinger propone: se creazione significa dipendenza nell'essere, la speciale creazione dell'uomo altro non significa che una speciale dipendenza nell'essere; in altri termini: l'uomo è voluto da Dio in maniera tutta speciale, perché è l'unico essere che è capace di conoscerlo. L'affermazione di fede non si riferisce tanto a una lontana origine nel tempo dell'uomo, ma al fatto che egli si trovi in una particolare relazione con Dio. Nel processo dell'evoluzione è quindi apparso un «fango» che

> riuscì per la prima volta a farsi un'idea, per quanto oscura, di Dio. Il primo «tu», che una bocca umana pronunciò o balbettò a Dio, segna l'atto di nascita dello spirito nel mondo. Fu questo a determinare l'ominizzazione[4].

L'ominizzazione non è quindi qualcosa di determinabile dal piccone del paleontologo, ma è la nascita dello spirito.

[3] *Ibidem*, pp. 280-281.
[4] *Ibidem*, p. 283.

Il credente può quindi guardare alla teoria evoluzionistica come a un mezzo per conoscere meglio le sue origini; ma quella stessa teoria gli ricorda anche qual è il suo specifico, che lo contraddistingue da tutte le altre creature: essere la creatura che può rivolgersi a Dio e dirgli: «Tu».

In una conferenza tenuta alla Sorbona di Parigi il 27.11.1999 il card. Ratzinger entrò nelle problematiche metafisiche suscitate dall'evoluzione. Notava che la teoria dell'evoluzione è sempre più diventata la via per far scomparire la metafisica e quindi per rendere inutile l'«ipotesi di Dio» (Laplace), riducendo così a livello di non scientificità la spiegazione cristiana; pare quindi che la teoria evoluzionista abbia sancito definitivamente la separazione tra ragione e cristianesimo. Che cosa deve dire il credente di fronte alla «pretesa» del metodo positivo e in particolare della teoria dell'evoluzione di essere il modo esclusivo della scienza e della razionalità? Ratzinger risponde: oggi nessuno mette in dubbio le prove scientifiche per i processi microevolutivi, ma all'interno della stessa teoria dell'evoluzione c'è un problema nel passaggio dalla micro alla macroevoluzione:

> L'interrogativo che ora bisogna porre va più in profondità: si tratta di sapere se la dottrina evoluzionistica può presentarsi come una teoria universale di tutto il reale, al di là della quale le ulteriori domande sull'origine e sulla natura delle cose non siano più lecite né necessarie, o se domande ultime del genere non superino comunque il campo della pura ricerca scientifico-naturale [...].
> Si tratta di sapere se il reale è nato sulla base del caso o della necessità [...], e quindi da ciò che è senza ragione; se, in altri termini, la ragione è un casuale prodotto secondario dell'irrazionale, insignificante, alla fine, nell'oceano dell'irrazionale, o se resta vera quella che è la convinzione fondamentale della fede cristiana e della sua filosofia: *In principio erat Verbum* – al principio di tutte le cose c'è la forza creatrice della ragione. La fede cristiana è oggi come ieri l'opzione per la priorità della ragione e del razionale[5].

[5] *Fede, verità, tolleranza*, pp. 189-190.

Bisogna quindi intenderci su quale «ragione» riteniamo adatta a spiegare il reale; nel cristianesimo:

> Il primato del *Logos* e il primato dell'amore si rivelano identici. Il *Logos* non appariva più solo come ragione matematica alla base di tutte le cose ma come amore creatore fino al punto di diventare com-passione verso la creatura. La dimensione cosmica della religione che venera il Creatore nella potenza dell'essere, e la sua dimensione esistenziale, la questione della redenzione, si compenetravano e diventavano una cosa sola.
>
> Di fatto, una spiegazione del reale che non può fondare un *ethos* in modo sensato e comprensivo resta necessariamente insufficiente. Ora, è un fatto che la teoria evoluzionistica, là dove si accinge ad allargarsi a *philosophia universalis*, tenta di fondare un nuovo *ethos* sulla base dell'evoluzione. Ma questo *ethos* evoluzionistico, che trova ineluttabilmente la sua nozione chiave nel modello della selezione, e quindi nella lotta per la sopravvivenza, nella vittoria del più forte, nell'adattamento riuscito, ha poco di consolante da offrire. Anche là dove si cerchi di abbellirlo in vari modi, resta alla fine un *ethos* crudele[6].

2. Gli interventi da pontefice

Anche una volta divenuto papa, Ratzinger è intervenuto più volte sul tema dell'evoluzionismo (già fin da subito, con quell'accenno nella prima messa da pontefice in piazza San Pietro che abbiamo citato a p. 11). Innanzi tutto per sottolineare che un discorso che utilizzi il paradigma evolutivo non può rimanere, da un punto di vista cristiano, senza un finalismo:

> Trovo che le parole di questo Padre del IV secolo [Basilio] siano di un'attualità sorprendente quando dice: «Alcuni, tratti in inganno dall'ateismo che portavano dentro di sé, immaginarono un universo privo di guida e di ordine, come in balìa del caso». Quanti sono questi «alcuni» oggi. Essi, tratti in inganno dall'ateismo, ritengono e cercano di dimostrare che è scientifico pensare

[6] *Ibidem*, pp. 191-192.

> che tutto sia privo di guida e di ordine, come in balìa del caso. Il Signore con la Sacra Scrittura risveglia la ragione che dorme e ci dice: all'inizio è la Parola creatrice. All'inizio la Parola creatrice – questa Parola che ha creato tutto, che ha creato questo progetto intelligente che è il cosmo – è anche amore[7];

> non sono gli elementi del cosmo, le leggi della materia che in definitiva governano il mondo e l'uomo, ma un Dio personale governa le stelle, cioè l'universo; non le leggi della materia e dell'evoluzione sono l'ultima istanza, ma ragione, volontà, amore – una Persona. E se conosciamo questa Persona e Lei conosce noi, allora veramente l'inesorabile potere degli elementi materiali non è più l'ultima istanza; allora non siamo schiavi dell'universo e delle sue leggi, allora siamo liberi[8].

Il 2 settembre 2006, poi, intervenendo al seminario di studio su creazione ed evoluzione da lui promosso a Castel Gandolfo con i membri del suo «Schülkreis» (cfr. sopra alla nota 17 di p. 111), ha sottolineato due aspetti:

- ci sono ancora dei punti aperti nel discorso scientifico dell'evoluzione[9]:

> Non è che adesso io voglia stipare il buon Dio in questi vuoti: egli è troppo grande per trovare posto in quei vuoti. Ma a me pare importante sottolineare che la teoria dell'evoluzione implica delle

[7] Udienza generale 9.11.2005, in *Insegnamenti di Benedetto XVI*, vol. I (2005), p. 769. Cfr. anche *Dio e il mondo*, p. 101.

[8] *Spe salvi* 5.

[9] Cfr. anche in *L'Europa di Benedetto nella crisi delle culture*, Cantagalli, Siena 2005, pp. 122-123: «Anche oggi la domanda dell'uomo supera ineludibilmente l'ambito della razionalità tecnica. Anche oggi non ci limitiamo solo alla domanda: "che cosa posso fare?" ma ci chiediamo anche: "che cosa debbo fare e chi sono io?". Esistono certo dei sistemi cosmologici evoluzionistici che elevano la non-esistenza di Dio al rango di un'evidenza razionale e pretendono di provare così che la verità è precisamente che non c'è Dio. Ma questo tipo generale della conoscenza tradisce proprio su punti essenziali il suo carattere metodologico. Le enormi lacune del nostro sapere sono colmate con una serie di apparati scenici mitologici la cui fittizia razionalità non può ingannare nessuno. Che la razionalità dell'universo non possa venire spiegata ragionevolmente sulla base di un'irrazionalità, è un fatto evidente. Per questo il *Logos* che è all'origine di ogni cosa rimane, più che mai, l'ipotesi migliore, benché sia un'ipotesi, è vero, che esige da parte nostra di rinunciare a una posizione di dominio e di rischiare quella dell'ascolto umile».

domande che devono essere assegnate alla filosofia e che di per sé esulano dall'ambito proprio delle scienze naturali.

A me pare importante, in particolare, come prima cosa, che la teoria dell'evoluzione in gran parte non sia dimostrabile sperimentalmente in modo tanto facile perché non possiamo introdurre in laboratorio 10.000 generazioni. Ciò significa che ci sono dei vuoti o lacune rilevanti di verificabilità-falsificabilità sperimentale a causa dell'enorme spazio temporale cui la teoria si riferisce.

Come seconda cosa a me è parsa importante un'altra [...] affermazione: la probabilità non equivale a zero ma neppure a uno. Per cui si pone la domanda: a quale altezza si situa la probabilità? Ciò è importante se vogliamo interpretare correttamente la frase di papa Giovanni Paolo II: «La teoria dell'evoluzione è più di un'ipotesi». Quando il Papa disse questo, aveva i suoi buoni motivi. Ma nello stesso tempo è anche vero che la teoria dell'evoluzione non è ancora una teoria completa, scientificamente verificabile.

Come terza cosa vorrei accennare ai salti di cui ha già parlato anche il cardinale Schönborn. Non basta la somma di piccoli passi. Ci sono dei «salti». La domanda sul loro significato va ulteriormente approfondita.

Come quarta cosa è interessante che i mutanti positivi siano solo pochi e che il corridoio, in cui si poteva svolgere lo sviluppo, è stretto. [...]

Le scienze naturali hanno schiuso grandi dimensioni della ragione che finora non erano state aperte, e ci hanno trasmesso così delle nuove conoscenze. Ma nella gioia per la grandezza della loro scoperta esse tendono a toglierci dimensioni della ragione di cui continuiamo ad avere bisogno. I loro risultati sollevano delle domande che vanno oltre la competenza del loro canone metodologico e alle quali in esso non è possibile dare una risposta[10];

- è rintracciabile una «razionalità» dentro la materia, il processo dell'evoluzione come un tutto ha una razionalità che è rintracciabile; tale razionalità

[10] In *Creazione ed evoluzione*, pp. 154-155.

porta inevitabilmente a una domanda che esorbita dalla scienza, ma che comunque è una domanda della ragione: da dove viene questa razionalità? [...]

Le scienze naturali non possono e non devono rispondere direttamente, ma noi dobbiamo riconoscere la domanda come ragionevole e osare credere alla ragione creatrice e affidarci ad essa.

Da una parte c'è la razionalità della materia, che apre una finestra sul Creator Spiritus. A questo non dobbiamo rinunciare. [...] Naturalmente, nella natura c'è la razionalità, ma essa non ci permette di avere una visione totale del piano di Dio. Quindi nella natura permangono la contingenza e l'enigma dell'orribile [...]. Nonostante la razionalità, che c'è, noi possiamo constatare una componente di orrore, che non è più risolvibile filosoficamente. Qui la filosofia reclama qualcosa di ulteriore e la fede ci mostra il Logos, che è la ragione creatrice e che in modo incredibile poté farsi carne, morire e risuscitare[11].

Questa razionalità della materia fa della natura come un libro, che si può leggere[12], ed è il fondamento su cui lavorano

[11] *Ibidem*, p. 156. Da notare che pochi giorni dopo, il 12 settembre 2006, Benedetto XVI avrebbe ampiamente riflettuto sul Logos e sulla razionalità in quello che ormai è noto come «discorso di Ratisbona»: *Fede, ragione e università. Ricordi e riflessioni*, in *Insegnamenti di Benedetto XVI*, vol. II/2 (2006), Libreria Editrice Vaticana, s.l. 2007, pp. 257-267. Allo Spirito creatore all'opera nel progettare l'uomo, che non è frutto del caso (contro le tesi di J. Monod), Ratzinger aveva già accennato nell'omelia quaresimale del 1981: cfr. *Creazione e peccato*, p. 45.

[12] Nell'udienza del 31.10.2008 alla Pontificia Accademia delle Scienze citata più sopra alla n. 1 ha affermato che la creazione può essere letta da uno scienziato con i metodi della scienza: «"Evolvere" significa letteralmente "srotolare un rotolo di pergamena", cioè, leggere un libro. L'immagine della natura come libro ha le sue origini nel cristianesimo ed è rimasta cara a molti scienziati. Galileo vedeva la natura come un libro il cui autore è Dio così come lo è delle Scritture. È un libro la cui storia, la cui evoluzione, la cui "scrittura" e il cui significato "leggiamo" secondo i diversi approcci delle scienze, presupponendo per tutto il tempo la presenza fondamentale dell'autore che vi si è voluto rivelare. Questa immagine ci aiuta a comprendere che il mondo, lungi dall'essere stato originato dal caos, assomiglia a un libro ordinato. È un cosmo. Nonostante elementi irrazionali, caotici e distruttivi nei lunghi processi di cambiamento del cosmo, la materia in quanto tale è "leggibile". Possiede una "matematica" innata».

le scienze della natura[13]. Ma è proprio la risurrezione la grande novità, la più grande mutazione nel processo evolutivo:

> La risurrezione di Cristo [...] è una cosa diversa. Essa è – se possiamo una volta usare il linguaggio della teoria dell'evoluzione – la più grande «mutazione», il salto assolutamente più decisivo verso una dimensione totalmente nuova, che nella lunga storia della vita e dei suoi sviluppi mai si sia avuta: un salto in un ordine completamente nuovo, che riguarda noi e concerne tutta la storia. [...] È un salto di qualità nella storia dell'«evoluzione» e della vita in genere verso una nuova vita futura, verso un mondo nuovo che, partendo da Cristo, già penetra continuamente in questo nostro mondo, lo trasforma e lo attira a sé[14].

Rifiuta poi una contrapposizione tra creazionismo ed evoluzionismo per quanto riguarda la vita umana:

> Il grande problema è che se Dio non c'è e non è il Creatore anche della mia vita, in realtà la vita è un semplice pezzo dell'evoluzione, nient'altro, non ha senso di per sé stessa. Ma io devo invece cercare di mettere senso in questo pezzo di essere. Vedo attualmente in Germania, ma anche negli Stati Uniti, un dibattito abbastanza accanito tra il cosiddetto creazionismo e l'evoluzionismo, presentati come fossero alternative che si escludono: chi crede nel Creatore non potrebbe pensare all'evoluzione e chi invece afferma l'evoluzione dovrebbe escludere Dio. Questa contrapposizione è un'assurdità, perché da una parte ci sono tante prove scientifiche in favore di un'evoluzione che appare come una realtà che dobbiamo vedere e che arricchisce la nostra conoscenza della vita e dell'essere come tale. Ma la dottrina dell'evoluzione non risponde a tutti i quesiti e non risponde soprattutto al grande quesito filosofico: da dove viene tutto? e come il tutto prende un cammino che arriva finalmente all'uomo[15]?

[13] «Il dato che la materia porta in sé una struttura matematica, è piena di spirito, è il fondamento sul quale poggiano le moderne scienze della natura. Solo perché la materia è strutturata in modo intelligente, il nostro spirito è in grado di interpretarla e di attivamente rimodellarla» (*L'ascolto del linguaggio della creazione salva l'uomo dalla distruzione*, discorso alla Curia romana 22.12.2008, in *L'Osservatore Romano* 22-23.12.2008, p. 7).

[14] Omelia alla veglia pasquale, 15.4.2006, in *Insegnamenti di Benedetto XVI*, vol. II/1, pp. 454-455.

[15] Incontro con il clero di Belluno-Feltre e Treviso, 24.07.2007, in *Insegnamenti di Benedetto XVI*, vol. III/2, p. 67.

È parso opportuno esporre con ampiezza le posizioni del teologo Joseph Ratzinger e poi del pontefice Benedetto XVI nei primi tempi del suo pontificato perché in esse si può ritrovare bene quale può essere oggi lo stato del dialogo tra evoluzione e creazione. Con una posizione come quella di Ratzinger, è ormai evidente che sono definitivamente cancellati i problemi che abbiamo incontrato nel primo periodo dell'incontro/scontro tra il cristianesimo e le teorie darwiniane: c'è un'apertura di fondo verso l'ipotesi scientifica dell'evoluzione e non c'è più traccia del problema esegetico, cioè i primi capitoli di Genesi non sono un ostacolo per dialogare con l'evoluzionismo. Ritorna ancora, com'è ovvio che sia, la centralità della questione dell'origine dell'uomo; abbiamo visto che – come già incontrato in Ladaria – anche Ratzinger non considera esaustiva la risposta di Pio XII nell'*Humani generis*. Nello stesso tempo, però, è superata ogni ingenua fiducia in un dialogo facile e scontato tra queste prospettive che – come già ricordava Ratzinger nel 1968 – sono diverse e riguardano due piani diversi. Similmente, sono superati i rischi di certe letture di parte, come possono essere il creazionismo e l'Intelligent Design. Da un lato c'è l'invito a non assolutizzare l'ipotesi scientifica dell'evoluzione (una teoria che ha dei «vuoti» e dei punti ancora aperti, che deve dare ragione non solo della microevoluzione ma del passaggio dalla micro alla macroevoluzione), che non può quindi avere delle pretese totalizzanti; dall'altro lato c'è soprattutto la sottolineatura ad avere un ampio spettro nel considerare cristianamente l'evoluzionismo. Se appunto tale teoria non può avere delle pretese totalizzanti, occorre prestare attenzione a:

- le problematiche metafisiche che vengono sollevate: una volta spiegati i meccanismi dell'evoluzione, non tutto sarà già spiegato, restano le più importanti domande sull'origine e la natura delle cose. Qui può esserci una ripresa e una vicinanza con quanto abbiamo letto nel testo del 1996 di Giovanni Paolo II alla Pontificia Accademia delle Scienze: la spiegazione del meccanismo dell'evoluzione assume significati diversi a seconda di quale opzione filosofica si sceglie. Per rispondere alle domande suscitate dall'evoluzione è necessaria la filosofia, avverte con chiarezza Ratzinger;

- quanto la fede cristiana e in particolare la dottrina della creazione può dire «in più» rispetto all'evoluzionismo: la fede non dà risposte scientifiche, ma pone la questione del finalismo delle creature. Come abbiamo letto in uno degli interventi che Benedetto XVI ha fatto durante il dibattito nel seminario di Castel Gandolfo del settembre 2006, «la filosofia reclama qualcosa di ulteriore e la fede ci mostra il Logos». E questo Logos invita alla scoperta di una razionalità presente all'interno della materia; perché – ed è quanto è sostenuto nel «discorso di Ratisbona» – non esiste solo la razionalità delle scienze. E così Benedetto XVI ha potuto accostare la risurrezione di Cristo al processo evolutivo: la risurrezione di Cristo, inizio della nuova creazione di cui parlerà Paolo, non è un'altra cosa da quel processo evolutivo su cui giustamente il darwinismo ha posto l'attenzione, ma è appunto un «di più» che la fede offre al solo dato scientifico.

XI.

Per un corretto e fruttuoso dialogo tra evoluzione e creazione

1. Dentro una problematica più ampia

Quale dialogo dunque tra teoria evoluzionista e fede nella creazione dal punto di vista cattolico?

La lunga storia che abbiamo visto nei suoi momenti salienti da una parte ci rassicura nel farci concludere che, a parte i primi momenti di scontro, il dialogo c'è stato e si è anche molto sviluppato nel secolo e mezzo che è trascorso da quel 1859 in cui Charles Darwin pubblicò *Sull'origine della specie*. A due secoli dalla nascita di Darwin *L'Osservatore Romano* pubblicava quasi una difesa del Darwin scienziato contro chi ha fatto della sua teoria un sistema ideologico con la firma del decano della Facoltà di Filosofia della Gregoriana[1] e *La Civiltà Cattolica*, senza più citare nessuna delle polemiche del passato che pure l'avevano vista ampiamente coinvolta, commemorava i 150 anni dell'opera fondamentale di Darwin solo puntualizzando che l'importante non sono tanto le origini biologiche dell'uomo, quanto notare che egli ha ricevuto il dono dell'«anima» o «spirito», che è alla base delle attività della mente[2].

[1] Cfr. M. Leclerc, *Il problema non è la teoria ma l'ideologia*, in *L'Osservatore Romano* 12.2.2009, p. 4.

[2] Cfr. A. Serra, *A 150 anni dall'«Origine delle specie» di Darwin*, in *La Civiltà Cattolica* 160 (2009) I 349-360.

D'altro canto, proprio alla luce di queste vicende, non è certo immediato dire quali caratteristiche debba avere questo dialogo per funzionare fruttuosamente sia per lo scienziato che per il teologo, evitando quelle soluzioni come il creazionismo, il neodarwinismo materialista, l'Intelligent Design che possono rappresentare una sicurezza per chi le propone, ma non servono al dialogo stesso.

Per comprendere tutto quanto è in gioco quando si pone la questione del rapporto tra evoluzione e creazione, pare innanzi tutto necessario ricordare che questo dibattito è da inserire all'interno della più ampia problematica, tipica dell'età moderna, del rapporto tra scienza e fede/teologia. Molto semplicemente si potrebbe almeno dire che se non ci fosse stato il caso Galilei difficilmente gli inizi del rapporto tra la teologia cattolica e l'ipotesi evoluzionista si sarebbero svolti così come abbiamo visto (si pensi anche solo al testo del concilio provinciale di Colonia citato a p. 20). Il caso dell'evoluzionismo ha ricordato alla teologia che la fede deve aprirsi al confronto con la ragione scientifica, un confronto che può creare tensioni, perché ogni nuova visione del mondo indotta dalla scienza chiede di aggiornare il linguaggio della fede, che è sempre espressa con un rivestimento scientifico-culturale[3]. Oggi ci può essere accordo sul fatto che «scienza e teologia, come discipline razionali, hanno loro proprie specificità riguardo al metodo, all'oggetto e alle fonti di dati»; ma si è visto che non subito ci si rese conto che «perché esse possano dialogare è necessario che ognuna si renda conto delle caratteristiche proprie e di quelle dell'altra»[4].

Non bisogna poi dimenticare che, anche restando solo nel campo scientifico, il pensiero evoluzionista si presenta

[3] Cfr. G. Ferretti, *Per un'apertura della fede alla ragione scientifica*, in Servizio Nazionale per il Progetto Culturale della CEI, *La ragione, le scienze e il futuro delle civiltà. VIII Forum del Progetto Culturale*, EDB, Bologna 2008, pp. 79-82.

[4] Cfr. V. Fano - I. Colagè, *Teologia e scienza: quale dialogo?*, in *Hermeneutica* (2008) 301-323, qui 308.

al suo interno diviso in due grandi indirizzi di pensiero: il primo che vuole spiegare tutti i fenomeni evolutivi tramite alcune leggi naturali basate sulle leggi della chimica e della fisica, il secondo che sostiene che tutte le trasformazioni che le specie hanno vissuto sono state dovute a delle «forze» interne agli stessi organismi che li dirigevano verso una certa direzione. Del resto, era praticamente impossibile che queste diverse linee di pensiero non emergessero: «La teoria darwiniana sull'origine della specie è certamente nata come una teoria scientifica, ma, per la sua ampiezza e per il tipo di problemi che ha affrontato, ha suscitato immediatamente una serie di domande generali alle quali il mondo dei filosofi non ha potuto sottrarsi e quello dei naturalisti ha cercato di dare risposta usando degli strumenti concettuali che aveva a disposizione»[5]. Soprattutto il caso del neodarwinismo ci ha avvertiti di come sia facile, anche per lo scienziato, passare dal campo dell'osservazione a quello dell'interpretazione meta-scientifica, in quel caso per dire che non esiste finalità nel processo dell'evoluzione.

Se è valido questo punto di partenza, per cui il dibattito cattolico sull'evoluzionismo non è che un momento del rapporto tra scienza e fede in epoca moderna, le condizioni di possibilità per un fruttuoso dialogo tra evoluzione e creazione vanno cercate non all'interno dei rispettivi ambiti, ma in quel terreno comune che può far dialogare scienza e fede, senza fermarsi alla considerazione – giusta ma incompleta – che alla scienza tocca indagare il «come» mentre alla filosofia e alla teologia tocca rispondere al «perché». Proprio le difficoltà e anche le diffidenze da parte cattolica, durate fino a metà del secolo XX, nel dialogare con l'evoluzionismo, testimoniano che spesso è mancato il quadro più ampio in cui collocare le affer-

[5] G. Federspil, *Il dibattito odierno sull'evoluzionismo*, 123-124.

mazioni sull'origine dell'universo, delle specie viventi e dell'uomo in particolare che sono proposte dalla fede giudaico-cristiana nella creazione e dall'ipotesi scientifica dell'evoluzionismo con le sue varie teorie interpretative.

2. I diversi atteggiamenti cattolici verso l'evoluzionismo

È indubbiamente passato molto tempo da quanto disse Pio IX a proposito del libro di James del 1877 (cfr. sopra a p. 28): le «aberrazioni del darwinismo» oggi non spaventano più né il Magistero né la teologia cattolica; simili espressioni sono state – come abbiamo visto – frutto di una reazione dei primissimi tempi subito superata dai primi tentativi teologici di far dialogare la fede cristiana con questa nuova ipotesi scientifica.

Anche per quanto riguarda la storia del modo con cui il cattolicesimo si è rapportato all'evoluzionismo pare essere valida la proposta interpretativa di Ian G. Barbour[6], secondo cui ci sono stati quattro paradigmi nel rapporto tra teologia e scienze naturali:

1. *Conflitto*: fu l'atteggiamento tipico della seconda metà dell'Ottocento (sulla stessa linea del caso Galileo), come prima reazione alle teorie darwiniane, fatto di reazioni polemiche alle tesi che sembravano contrastare il racconto biblico della creazione; come abbiamo visto, a volte il conflitto si espresse tentando di dimostrare che l'evoluzionismo era falso anche da un punto di vista scientifico. Oggi il conflitto può presentarsi tra il materialismo scientifico (per cui tutti i fenomeni sono spiegabili con azioni di agenti materiali e le uniche affermazioni sensate

[6] Cfr. I.G. Barbour, *Religion and Science. Historical and Contemporary Issues*, HarperCollins, San Francisco 1997, pp. 77-105.

sono quelle scientificamente verificabili) e il letteralismo biblico (come il creazionismo).

2. *Indipendenza*: è la posizione per cui teologia e scienza hanno metodi e linguaggi differenti e in pratica sono autonome. Questa tesi può essere un buon punto di partenza, specie per evitare il conflitto; tende, però, a non rendere possibile un vero dialogo e un reciproco arricchimento. Su questa linea possiamo ricordare la questione esegetica che ha accompagnato la storia del rapporto tra evoluzione e creazione e l'appello alle «autorità» della Tradizione e della teologia del passato: il linguaggio biblico e quello della precedente teologia non potevano ovviamente tener conto dell'ipotesi evoluzionistica, eppure all'inizio non ci si accorse che proprio quei linguaggi venivano usati secondo lo schema dell'indipendenza, tanto da giungere in alcuni autori a concludere che il linguaggio dell'evoluzionismo era falso semplicemente perché diverso dal linguaggio precedente della fede cristiana.

3. *Dialogo*: qui teologia e scienza accettano di confrontarsi su alcune questioni di frontiera, pur nel rispetto della propria metodologia. Nella panoramica storica si è visto come l'atteggiamento del dialogo sia via via cresciuto; lento – anche dal punto di vista dei pronunciamenti vaticani e magisteriali – è stato il processo per capire come i diversi statuti epistemologici della scienza e della fede potessero interloquire.

4. *Integrazione*: si afferma la possibilità di una qualche integrazione tra gli apporti della teologia e della scienza; c'è una reciprocità di scambi tra teologia e scienze naturali, grazie anche alla crisi della pretesa dell'autoreferenzialità del lavoro logico-matematico. La prospettiva dell'integrazione si può esprimere secondo Barbour in tre modi: nella teologia naturale, dove si afferma l'esistenza di Dio a partire da un disegno che si trova nella natura e che è riscontrabile dalla

scienza; nella teologia della natura, dove le teorie scientifiche possono aiutare la riformulazione di certe dottrine sulla creazione (come ad es. nel caso di Teilhard de Chardin); nella sintesi sistematica, dove scienza e religione sviluppano insieme una metafisica inclusiva (cfr. filosofia del processo). Le posizioni più recenti, specie quelle di Ratzinger/Benedetto XVI e di Schönborn (che hanno effettivamente parecchi punti di contatto), paiono andare in questa direzione.

Dalla panoramica storica è emerso chiaramente, innanzi tutto a livello di posizioni magisteriali, il rifiuto delle prime due prospettive. Ma parlare di dialogo e ancor più di integrazione richiede alcune importanti precisazioni; il «caso» scoppiato nel 2005 attorno all'articolo del card. Schönborn pubblicato sul *New York Times* ha segnalato come per qualcuno il dialogo da parte cattolica poteva essere confuso con un'accettazione acritica di ogni tipo di teoria evoluzionista. Proprio i tentativi della teologia dei primi decenni, ma anche per certi aspetti quelli fino al Vaticano II, hanno corso il rischio di accettare l'ipotesi evoluzionista senza rendersi conto delle implicazioni filosofiche sottostanti. Schönborn, come abbiamo spiegato, non ha detto che la Chiesa cattolica rifiuti l'evoluzionismo, ma ha ribadito – e questa è stata senz'altro una costante della posizione cattolica verso l'evoluzionismo – che non si può rinunciare alla fede nella creazione.

Ciò si è visto fin da subito nel caso particolare dell'essere umano (come abbiamo visto, la teologia pre-conciliare esponeva la questione soprattutto nei termini della formazione del corpo del primo uomo); soprattutto per l'uomo, creato «a immagine e somiglianza di Dio», è stato fin da subito evidente che dialogare con la scienza non poteva significare accettare senza batter ciglio una derivazione «scimmiesca» dell'umanità. Però la prima posizione ufficiale a livello magisteriale, quella di Pio XII nell'*Humani generis* del 1950, ha fatto vedere un tentativo di dialogo che è stato poi da molti ritenuto problematico: come hanno fatto notare le analisi di Ratzinger e di Ladaria, non può essere una soluzione completamente soddisfacente l'affermare un'origine per via evolutiva del corpo umano, a cui si «aggiungerebbe» l'affermazione di una creazione immediata dell'anima da parte di Dio. Lasciando da parte l'indubbia portata storica che ebbe quell'apertura di Pio XII per il dialogo con l'evoluzionismo, pare di dover oggi dire – sempre seguendo lo schema di Barbour – che quel tipo di dialogo non ha ancora raggiunto il livello dell'integrazione dei due diversi saperi offerti dalla scienza e dalla teologia. Forse si potrebbe anche dire che quella soluzione non è poi così distante da quei tentativi dell'apologetica della prima ora, che cercarono un concordismo rassicurante, dicendo per esempio che i giorni di cui parla Gen 1 sono le varie epoche dell'evoluzione o che il fango da cui è plasmato Adamo è la materia vivente delle specie che precedono quella umana.

Riprendendo con una griglia interpretativa offerta dal card. Avery Dulles (1918-2008)[7] le varie posizioni incontrate, possiamo dire che sono state tre le principali soluzioni proposte dalla teologia cristiana per entrare in dialogo con un evoluzionismo che non neghi la fede nella creazione.

1. La prima, che abbiamo incontrato nella nostra panoramica storica specie nei primi decenni, è l'*evoluzionismo teistico*: fu e può essere anche oggi il tentativo di chi non trova particolarmente problematico accettare la spiegazione evoluzionista, perché non c'è nessun problema a pensare che Dio abbia voluto servirsi del processo dell'evoluzione per mettere in atto il suo disegno di creazione. Qui la scienza non farebbe altro che descrivere questo piano di Dio, che la Bibbia presenterebbe ovviamente non con i termini propri della scienza moderna, ma di cui indicherebbe il profondo senso

[7] Cfr. A. Dulles, *Dio e l'evoluzionismo: punti fermi per un dialogo*, in *Vita e Pensiero* 91 (2008) 64-74.

salvifico. Qui Dio non ha bisogno di fare interventi diretti nel processo dell'evoluzione cosmica e biologica, che avrebbe già in sé il fine ultimo a cui tende secondo il piano che Dio vuole per la ricapitolazione del cosmo in Cristo. Obiettivo polemico di questa prima posizione sono coloro, come i neodarwinisti, che vorrebbero fermarsi alla constatazione scientifica dei fenomeni o ancor più dire che a partire da essi non è possibile trovare nessun particolare piano finalisticamente orientato; qui il dialogo tra evoluzionismo e teologia vorrebbe in fondo dire che la scienza ha il compito dell'osservazione dei fenomeni e della spiegazione del meccanismo evolutivo con le sue leggi, mentre la teologia – parlando di un piano provvidente divino che governa la storia – indicherebbe l'origine e il fine del processo evolutivo.

2. La seconda soluzione possibile è quella che propone un dialogo e una consonanza molto più stretti ed è oggi rappresentata soprattutto dai sostenitori dell'Intelligent Design. Qui ci sarebbe qualcosa di più del dialogo nel rispetto dei propri statuti epistemologici: scienza e teologia dovrebbero invece incontrarsi nel dire in fondo le stesse cose. L'osservazione scientifica della complessità degli organi degli esseri viventi e dell'armonia che regola l'evoluzione universale del cosmo darebbe un'evidenza immediata del fatto che il processo dell'evoluzione non solo non è stato casuale, ma è stato voluto e guidato da parte di un «progettista», che è direttamente intervenuto nel mondo creato facendo sì che tutto abbia un certo ordine e vada verso un determinato fine. Come abbiamo già fatto presente, questo secondo schema per far dialogare creazione ed evoluzione è stato criticato sia dai teologi che dagli scienziati, perché molto forte è il rischio che, più che di un vero dialogo, si «usi» qui la fede cristiana per dare una risposta a quanto la scienza non è ancora riuscita a spiegare. Non solo si dimentica che affermazione scientifica e affermazione di fede non sono sullo stesso piano, ma

in fondo si riduce la fede a essere poco più di un completamento di quanto la scienza non è ancora riuscita a spiegare con le sue leggi; dove l'ignoranza, almeno finora, di certi meccanismi non permette alla scienza di passare al punto successivo del processo evolutivo allora bisognerebbe postulare che Dio sia intervenuto con un'intenzionale modificazione dell'evoluzione, perché voleva raggiungere un certo scopo (come potrebbe essere l'apparizione dell'uomo sulla terra). È allora comprensibile come – si veda la sentenza di Harrisburg del 2005 di cui abbiamo parlato a p. 106 – ci possa essere una condanna dell'Intelligent Design in quanto teoria non scientifica: qui scienza e fede avrebbero affermazioni così simili, da non vedere più bene come la scienza non sia anche professione di fede.

3. La terza soluzione per mettere in dialogo evoluzione e creazione è secondo Dulles quella che va *oltre una spiegazione meccanica* dell'evoluzionismo. Si tratta cioè di quelle spiegazioni – che sono quelle che abbiamo incontrato nei tentativi più recenti – che non si accontentano di usare la causalità efficiente e materiale, ma – per usare i termini che abbiamo incontrato specie con Ratzinger/Benedetto XVI – usano una razionalità più ampia. Il contributo che la teologia dovrebbe dare all'osservazione scientifica sarebbe qui quello di indicare un dinamismo teleologico immesso da Dio dentro la creazione (cfr. la posizione di Teilhard de Chardin); questo dinamismo potrebbe essere percepito dall'osservazione scientifica, che però non avrebbe in sé la capacità di ricondurlo a Dio. In ogni caso, qui c'è la contestazione della fede e della teologia verso una scienza che pretenderebbe di dare ragione da sola della realtà e di essere l'unica forma vera e affidabile di conoscenza.

Una prima conclusione che possiamo senz'altro trarre è che, anche recentemente, non c'è stato un unico atteggiamento della teologia cattolica verso l'evoluzionismo.

È indubbio che ci sono degli elementi di verità in ciascuno dei tre modelli di dialogo appena presentati, come del resto è stato pacifico fin dall'inizio che la fede cristiana non potrebbe mai accettare una visione riduzionista e materialista dell'evoluzione. Proprio il rifiuto del creazionismo come è stato sopra presentato dice però che tutto ciò non può significare oggi fare a meno dei dati della scienza.

3. Creazione: spiegazione eccedente l'evoluzione

Riprendendo ancora una volta lo schema di Barbour, si deve ora cercare che cosa significhi passare dal dialogo all'integrazione dei saperi offerti dalla fede nella creazione e dall'ipotesi scientifica dell'evoluzionismo.

Dopo il Vaticano II (e in particolare *Gaudium et spes* 36), c'è stata «la crescente presa di coscienza dell'esigenza di una visione unitaria del sapere umano. Insomma non è sufficiente dire che alla scienza spetta la domanda sul "come" e alla teologia la domanda sul "perché", lasciando i due domini irrelati, ma è necessario procedere oltre questa troppo semplicistica visione»[8]. La distinzione tra i due modi diversi di conoscenza, propri rispettivamente della scienza e della teologia, è certo un dato da riaffermare contro ogni pericolosa confusione[9], ma si può fare un passo ulteriore.

[8] F. Ceragioli, *Alcune considerazioni su scienza e fede*, in *Archivio Teologico Torinese* 13 (2007) 427.

[9] «La conoscenza delle scienze naturali e la fede religiosa si muovono secondo prospettive diverse. La prima si riferisce [...] alla natura *etsi Deus non daretur*, come se Dio non esistesse. Ciò va inteso nel senso di una premessa conoscitiva metodica, che va distinta da una affermazione atea, secondo la quale Dio non esiste. La fede si riferisce invece alla natura *come creazione di Dio*. Questo è qualcosa di più della semplice presupposizione di una causa trascendente e include piuttosto in sé una determinata localizzazione del credente, e precisamente in un contesto della realtà diverso da quello che la scienza della natura ha davanti agli occhi» (J. Fischer - C. Aus der Au, *Scienza della natura e religione. A. Modelli fondamentali*, in P. Eicher [a cura di], *I concetti fondamentali della teologia. Vol. 4: S-Z* [Btc, 142], Queriniana, Brescia 2008 [2005], pp. 64-73, qui 67).

Passare dal dialogo all'integrazione vuol dire «assumere i risultati e i contenuti conoscitivi sull'universo e sull'uomo che la scienza ci offre in una superiore visione unitaria di sintesi con l'apporto determinante della filosofia e della teologia»[10]. Insomma, la scienza da sola non basta, ma non è sufficiente nemmeno proporre – come fa il creazionismo – il mero dato biblico; è centrale – come è diventato chiaro soprattutto con l'intervento di Giovanni Paolo II del 1996 – il ruolo della filosofia.

Ciò può essere detto in negativo e in positivo. In negativo possiamo dire che in un certo modo di trattare il rapporto tra evoluzione e creazione può esserci il rischio dello scientismo, che Giovanni Paolo II così definiva:

> Questa concezione filosofica si rifiuta di ammettere come valide forme di conoscenza diverse da quelle che sono proprie delle scienze positive, relegando nei confini della mera immaginazione sia la conoscenza religiosa e teologica, sia il sapere etico ed estetico. Nel passato, la stessa idea si esprimeva nel positivismo e nel neopositivismo, che ritenevano prive di senso le affermazioni di carattere metafisico. La critica epistemologica ha screditato questa posizione, ed ecco che essa rinasce sotto le nuove vesti dello scientismo. In questa prospettiva, i valori sono relegati a semplici prodotti dell'emotività e la nozione di essere è accantonata per fare spazio alla pura e semplice fattualità. La scienza, quindi, si prepara a dominare tutti gli aspetti dell'esistenza umana attraverso il progresso tecnologico. Gli innegabili successi della ricerca scientifica e della tecnologia contemporanea hanno contribuito a diffondere la mentalità scientista, che sembra non avere più confini, visto come è penetrata nelle diverse culture e quali cambiamenti radicali vi ha apportato. Si deve constatare, purtroppo, che quanto attiene alla domanda circa il senso della vita viene dallo scientismo considerato come appartenente al dominio dell'irrazionale o dell'immaginario[11].

[10] V. Danna, *Ricerca scientifica odierna e problema di Dio*, in *Archivio Teologico Torinese* 7 (2001) 96-97.

[11] *Fides et ratio* 88.

Non è così distante da questa analisi quanto abbiamo incontrato nella posizione del neodarwinismo, che ritiene legittima solo la spiegazione basata sulla causalità efficiente ed esclude ogni spiegazione che invochi una finalità. Il neodarwinismo si presenta così come un chiaro esempio di impossibilità di dialogo, perché riduce il reale e il vero al solo ambito analizzabile dalla ragione scientifica intesa per di più in senso materialista. Simile è la posizione di coloro che «omettono» di ricordare che la teoria dell'evoluzione ancora oggi ha dei punti aperti e discussi, avendo dei vuoti nel campo della verificabilità e falsificabilità sperimentale.

Ma più importante è cercare di dire in positivo la necessità dell'integrazione dei saperi. Integrazione significa che da soli i due saperi della fede e della scienza non sono sufficienti a dire tutto, anche se ciò non significa che l'unico rapporto pensabile tra i due apporti sia quello della simmetria. Come ha fatto notare il documento del 2004 della Commissione Teologica Internazionale, il concetto teologico di creazione «*ex nihilo* è l'azione di un agente *personale* trascendente, che agisce liberamente e intenzionalmente, teso alla realizzazione delle finalità totalizzanti dell'impegno personale» (n. 64); l'intenzione di questo agente non può essere descritta solo nei termini della causalità efficiente e materiale e quindi le cause creaturali, cioè le cause seconde, agiscono sì secondo gli schemi di quella causalità efficiente e materiale analizzabile dalla scienza, ma ciò non significa che non siano all'interno dell'intenzionalità divina. Nei termini tradizionali della teologia, tutto ciò è il piano provvidenziale con cui Dio governa l'universo. Ora l'ipotesi evoluzionistica, se non è associata a meta-interpretazioni filosofiche, non può contraddire di per sé questa affermazione di fede, né la fede della creazione può negare le teorie darwiniane. Anzi: la fede nella creazione è in fin dei conti il fondamento della possibilità che esista un'evoluzione; l'idea di un mondo in evoluzione «poteva sorgere e affermarsi solo in una concezione ebraico-cristiana dell'universo, dove esiste un inizio e ogni cosa tende verso un fine»[12].

Come ha fatto notare Ladaria (cfr. sopra a p. 123), la capacità di distinguere i vari livelli di causalità riesce anche a risolvere la questione dell'origine dell'uomo come essere diverso dal resto della creazione, perché chiamato a una particolare comunione con Dio; proprio questa chiamata è opera di una intenzionalità personale che non può essere colta dalla scienza che formula l'ipotesi evoluzionistica.

A questo punto ritorna, però, chi da un punto di vista scientifico propone di parlare di un disegno, di un ordine nella creazione. C'è chi dice che nel processo evolutivo sarebbe evidente anche scientificamente la presenza di un ordine e di un'intenzione, che direbbero un'armonia e una finalità presenti nell'universo. Certo, la scienza non sarebbe autorizzata a parlare di piano provvidenziale di Dio, ma in fondo direbbe in termini diversi la presenza dello stesso piano, cosa che nella teologia tradizionale sarebbe stata chiamata conoscenza naturale di Dio. Qui, com'è evidente, verrebbe meno il discorso dell'integrazione dei saperi e la diversità dei vari livelli di causalità. Senza negare che la scienza possa trovare nella natura una razionalità e una progettualità (innanzi tutto per i processi della macroevoluzione), la teologia non ha però bisogno di simili affermazioni per sentirsi confermata nella fede nella creazione. Come ha fatto notare di nuovo il documento della Commissione Teologica Internazionale, la teologia può dire la fede nella creazione sia con una scienza che affermi un'intenzionalità presente nell'evoluzione, sia con chi dica che tutto è frutto del caso; infatti, «persino l'esito di un processo naturale veramente contingente può ugualmente rientrare nel piano provvidenziale di Dio per

[12] G. Tanzella-Nitti, *Implicazioni filosofiche del paradigma evolutivo e teologia cristiana*, in *Humanitas* 63 (2008) 445.

la creazione» (n. 69). Se la causalità divina è diversa da quelle delle cause seconde, non fa problema accettare che il caso entri nei processi evolutivi: «Non si vede perché si debba escludere questa possibilità, tanto più che ciò che chiamiamo caso doveva essere ben presente nella mente di Dio che è fuori dalla dimensione del tempo»[13].

Punto essenziale, come ha fatto notare Schönborn nell'intervento del 2006 a Castel Gandolfo, è che anche la scienza, libera da componenti ideologiche, sappia chiedersi se nella natura esistono dei fini; per sua natura non può riconoscere la presenza di un progetto e quindi di una direzionalità nel dinamismo dell'evoluzione, ma deve lasciare libera l'intelligenza umana di potersi elevare fino al senso, alla verità, al messaggio che ci ha voluto lasciare chi ha scritto il testo di cui la scienza studia le singole lettere. Per leggere questo testo, la teologia ha bisogno della scienza, ma la scienza ha bisogno della teologia, che permette di interpretare alla luce della fede rivelata la leggibilità di un creatore insita nella natura. Perché

> la ragione non finisce dove finiscono le scoperte sperimentali, essa non finisce nel positivismo; la teoria dell'evoluzione vede la verità, ma ne vede soltanto metà; non vede che dietro c'è lo Spirito della creazione[14].

La spiegazione offerta dalla fede offre dunque un'eccedenza: dà la risposta al divenire dell'evoluzione, come diceva Ratzinger nel suo intervento del 1968. Questa risposta, come ha detto lo stesso Ratzinger da pontefice nell'omelia della veglia pasquale del 2006, trova il suo culmine nella risurrezione di Cristo: ciò non significa fare un'affermazione non scientifica perché non razionale, ma usare un concetto più ampio di «ragione», quella appunto che si apre a una

[13] F. Facchini, *Neodarwinismo e creazionismo scientifico.*
[14] Benedetto XVI, incontro con il clero della diocesi di Bolzano-Bressanone, 6.8.2008; riportato in *Avvenire* 9.8.2008, p. 18.

integrazione dei saperi. Sarà proprio la risurrezione di Cristo, come punto più alto della rivelazione del Logos di Dio, che potrà dare una risposta a quanto dal solo punto di vista scientifico sembra senza senso nel processo dell'evoluzione (il problema della sofferenza, dei fallimenti degli sviluppi evolutivi, le catastrofi naturali ecc.). Questo non è una «invasione» nel campo della scienza, che invece – proprio se è fedele al suo statuto epistemologico – non può darsi una risposta alla «razionalità» (così l'ha chiamata sempre Benedetto XVI) che emerge dal suo interno.

Lasciare la porta aperta al «salto di qualità» rappresentato nella storia dall'evento di Cristo che culmina nella sua risurrezione è la richiesta che la dottrina della creazione lascia alla scienza che lavora sull'ipotesi evoluzionistica, andando anche oltre la pur necessaria interrogazione della filosofia. Nell'introduzione citavamo l'episodio successo in piazza San Giovanni a Roma nel concerto del 1° maggio 2007, dove si accusava la Chiesa di non credere all'evoluzionismo; ora possiamo dire che è vero che la fede cristiana non «crede» all'evoluzionismo, anche se accoglie quanto può dire; crede invece e annuncia la risurrezione di Cristo come risposta di senso alla storia in divenire di tutto il creato.

Perché questa integrazione dei saperi possa avvenire è necessario, come diceva Benedetto XVI nel discorso di Ratisbona, un allargamento del nostro concetto di ragione:

> Ci riusciamo solo se ragione e fede si ritrovano unite in un modo nuovo; se superiamo la limitazione autodecretata della ragione a ciò che è verificabile nell'esperimento, e dischiudiamo ad essa nuovamente tutta la sua ampiezza. In questo senso la teologia, non soltanto come disciplina storica e umano-scientifica, ma come teologia vera e propria, cioè come interrogativo sulla ragione della fede, deve avere il suo posto nell'università e nel vasto dialogo delle scienze[15].

[15] *Fede, ragione e università*, p. 266.

Bibliografia

1. Storia dei rapporti tra evoluzionismo e mondo cattolico

Alszeghy Z., *L'evoluzione e il magistero ecclesiastico*, in *Concilium* 6 (1967) 40-47.

Appleby R.S., *Exposing Darwin's «Hidden Agenda»: Roman Catholic Responses to Evolution, 1875-1925*, in R.L. Numbers - J. Stenhouse (a cura di), *Disseminating Darwinism: The Role of Place, Race, Religion and Gender*, Cambridge University Press, Cambridge 1999, pp. 173-207 (esamina soprattutto le reazioni dei cattolici statunitensi all'evoluzionismo).

Arnould J., *La Chiesa e la storia della natura*, Jaca Book, Milano 2003, pp. 43-92.

Artigas M. - Glick Th. - Martínez R.A., *Negotiating Darwin. The Vatican confronts Evolution, 1877-1902*, The John Hopkins University Press, Baltimore 2006.

Artigas M. - Glick Th. - Martínez R.A., *Darwin and the Vatican. The Reception of Evolutionary Theories*, in E.-M. Engels - Th.F. Glick (a cura di), *The Reception of Charles Darwin in Europe*, Continuum, London 2009, vol. 2, pp. 413-429.

Barbour I.G., *Religion and Science. Historical and Contemporary Issues*, HarperCollins, San Francisco 1997, pp. 57-74 (presenta anche alcune reazioni non cattoliche al darwinismo).

Haffner P., *Evolution and the Magisterium of the Church*, in R. Pascual (a cura di), *L'evoluzione: crocevia di scienza, filosofia e teologia. Congresso internazionale - Roma, 23-24 aprile 2002*, Studium, Roma 2005, pp. 315-339.

Koltermann R., *Evolution und Schöpfung in Dokumenten der Kirche*, in *Stimmen der Zeit* 218 (2000) 125-137.
Livingstone D.N., *Re-placing Darwinism and Christianity*, in D.C. Lindberg - R.L. Numbers (a cura di), *When Science and Christianity meet*, The University of Chicago Press, Chicago 2003, pp. 183-202.
Molari C., *La teologia cattolica di fronte all'evoluzionismo darwinista ieri e oggi*, in G. Galasso - G. Ghiara (a cura di), *Il darwinismo nel pensiero scientifico contemporaneo. Atti del convegno nel primo centenario della morte di Charles Robert Darwin*, Guida, Napoli 1984, pp. 217-295; poi pubblicato, con qualche rielaborazione, come volume autonomo: *Darwinismo e teologia cattolica. Un secolo di conflitti*, Borla, Roma 1984.
Molari C., *Reazioni teologiche all'evoluzionismo e sua recezione*, in *Credereoggi* 29 (2009), n. 169, 57-72.
Paul H.W., *Religion and Darwinism. Varieties of Catholic Reaction*, in Th.F. Glick (a cura di), *The Comparative Reception of Darwinism*, University of Texas Press, Austin - London 1974, pp. 403-436.
Unterburger K., *Bedrohte Brückenschläge. Die Evolutionslehre und die kirchliche Buchzensur*, in *Herder Korrespondenz* 63 (2009) 87-91.

2. Studi recenti sull'evoluzionismo

È impossibile dare conto della sterminata letteratura esistente oggi, anche solo in area cattolica, sul rapporto tra teologia della creazione ed evoluzionismo. Qui di seguito viene data una piccola lista di titoli significativi disponibili in italiano di questi ultimi anni:

Arnould J., *La teologia dopo Darwin. Elementi per una teologia della creazione in una prospettiva evoluzionista* (Gdt, 270), Queriniana, Brescia 2000 [1998].
Arnould J., *Dio, la scimmia e il big bang. Alcune sfide lanciate ai cristiani dalla scienza* (Gdt, 282), Queriniana, Brescia 2001 [2000].

Brancato F., *Creazione ed evoluzione. La grammatica di un dialogo possibile*, prefazione di F. Facchini, Città Aperta, Troina (EN) 2009.

Carreira Pérez E.M., *Scienza e fede: caso e progetto*, in *La Civiltà Cattolica* 157 (2006) I 319-331.

Colzani G., *Figli dell'uomo? Il DNA e la teologia*, in *Rivista del Clero Italiano* 85 (2004) 50-60.

Costa P., *Un'idea di umanità. Etica e natura dopo Darwin* (Scienze religiose - nuova serie, 17), EDB, Bologna 2007.

De Rosa G., *L'origine dell'uomo. Evoluzione e creazione*, in *La Civiltà Cattolica* 156 (2005) II 3-14.

De Rosa G., *L'origine dell'uomo secondo la Bibbia*, in *La Civiltà Cattolica* 156 (2005) IV 319-329.

De Rosa G., *Evoluzione dei viventi e fede cristiana. Creazione ed evoluzione*, in *La Civiltà Cattolica* 157 (2006) IV 127-137.

Franceschelli O., *Dio e Darwin. Natura e uomo tra evoluzione e creazione*, Donzelli Editore, Roma 2005.

Küng H., *L'inizio di tutte le cose. Creazione o evoluzione? Scienza e religione a confronto*, Rizzoli, Milano 2006 [2005].

Evoluzionismo e fede cristiana, in *Credereoggi* 29 (2009), n. 169.

Pascual R. (a cura di), *L'evoluzione: crocevia di scienza, filosofia e teologia. Congresso internazionale - Roma, 23-24 aprile 2002*, Studium, Roma 2005.

Piola A., *Quale dialogo tra evoluzione e creazione?*, in V. Danna - A. Piola (a cura di), *Scienza e fede: un dialogo possibile? Evoluzionismo e teologia della creazione* (Studia Taurinensia - San Massimo, 4), Effatà, Cantalupa (TO) 2009, pp. 91-132.

Indice dei nomi

Indice

SAGGISTICA PAOLINE

Saggi di cultura religiosa in senso ampio, che affrontano le diverse tematiche della fede, della spiritualità, della Bibbia, della teologia, del dialogo interreligioso in maniera divulgativa, senza però rinunciare a un certo rigore scientifico.

1. Rino Fisichella, *Gesù di Nazaret profezia del Padre*
2. Lea Sestieri, *Ebraismo e cristianesimo. Percorsi di mutua comprensione*
4. Carlo Climati, *I giovani e l'esoterismo. Magia, satanismo e occultismo: l'inganno del fuoco che non brucia*
5. Alessandro Andreini, *Bonhoeffer. L'etica come confessione* (prefaz. di Bruno Forte)
6. Livia Crozzoli Aite (a cura di), *Sarà così lasciare la vita?*
8. Salvo Millesoli, *Don Sturzo. La carità politica* (prefaz. di Michele Pennisi)
9. Carlo Climati, *Il popolo della notte. Discoteche, ecstasy e alcol: nuove solitudini o buio da illuminare?*
10. Natalino Valentini (a cura di), *Cristianesimo e bellezza. Tra Oriente e Occidente*
11. Giorgio Campanini, *La fatica del cammello. Il cristiano tra ricchezza e povertà*
13. Rino Fisichella, *La via della verità. Il mistero dell'uomo nel mistero di Cristo*
14. Livia Crozzoli Aite (a cura di), *Assenza, più acuta presenza. Il percorso umano di fronte all'esperienza della perdita e del lutto*
15. Aa.vv., *Pace! Voci a confronto sulla Lettera enciclica* Pacem in terris *di Giovanni XXIII*
17. Arturo Chiodi (a cura di), *Mazzolari. Nella storia della Chiesa e della società italiana del Novecento*
18. Gloria Germani, *Teresa di Calcutta una mistica tra Oriente e Occidente. Il suo pensiero in rapporto all'India e a Gandhi* (prefaz. di Tiziano Terzani)
19. Luis F. Ladaria, *La Trinità, mistero di comunione*
20. Ermes Ronchi (a cura di), *Divina seduzione. Storie di conversione: Paolo, Pacomio, Agostino, Ignazio*
21. Ugo Colombo Sacco, *Giovanni Paolo II sulla scena del mondo. L'esplorazione di nuovi percorsi*
22. Philippe Baud - Maxime Egger (a cura di), *Le ricchezze dell'Oriente cristiano. Teologia, spiritualità, arte*
23. Enrico Masseroni, *Laici cristiani. Tra identità e nuove sfide* (prefaz. di Fernando Charrier)
24. Francesco Zenna (a cura di), *Preti cittadini del mondo. La secolarità dei presbiteri*
25. Marco Sprizzi, *De Lubac. L'identità ecclesiale del cristiano* (prefaz. di Rino Fisichella)
26. Giorgio La Pira, *Il sentiero di Isaia. Scritti e discorsi: 1965-1977* (introduz. di Walter Veltroni)
27. Damiano Modena, *Carlo Maria Martini. Custode del Mistero nel cuore della storia* (prefaz. di card. Carlo Maria Martini, postfaz. di Bruno Forte)
28. Carlo Climati, *I giochi estremi dei giovani. Mode, hobby e tendenze oltre ogni limite*
29. Biagio Della Pasqua - Natalino Valentini (a cura di), *Mistero di Cristo, mistero dell'uomo. La nuova «questione antropologica» e le radici della fede*
30. Franck Damour, *Olivier Clément. Il suo itinerario spirituale e teologico*
31. Daniele Anselmo - Francesco Gaiffi - Nevio Genghini - Paolo Gomarasca - Susy Zanardo, *Lessico della libertà. Percorso tra 15 parole chiave*
32. Piero Ciardella (a cura di), *La primavera della Chiesa. A quarant'anni dal Concilio Vaticano II*
33. Natalino Valentini (a cura di), *Cristianesimo e cultura politica. L'eredità di otto illustri testimoni*

34. Maurizio Gronchi, *Gesù Cristo nelle diverse culture. Europa, America Latina, Africa, Asia e «mondo femminile»* (prefaz. di Piero Coda)
35. Livia Crozzoli Aite - Roberto Mander (a cura di), *I giorni rinascono dai giorni. Condividere la perdita di una persona cara in un gruppo di auto-mutuo aiuto*
36. Giorgio Campanini, *Il tempo della fede. Le nuove vie della testimonianza cristiana*
37. Ettore Malnati, *I ministeri nella Chiesa* (prefaz. di Guido Pozzo)
38. Stefano Guarinelli, *Il celibato dei preti. Perché sceglierlo ancora?* (prefaz. di Franco Giulio Brambilla)
39. Fulvio De Giorgi, *Il brutto anatroccolo. Il laicato cattolico italiano* (prefaz. di Carlo Ghidelli)
40. André Chouraqui, *Il destino d'Israele. Corrispondenza con Jules Isaac, Jacques Ellul, Jacques Maritain, Marc Chagall. Conversazioni con Paul Claudel*
41. Giacomo Morandi, *Bellezza. Luogo teologico di evangelizzazione* (prefaz. di Tomáš Špidlík)
42. Alberto Piola, *Non litigare con Darwin. Chiesa ed evoluzionismo* (prefaz. di Piero Coda)

Che cosa significa vivere concretamente il celibato? Quali le questioni che solleva a livello affettivo, interpersonale e sessuale? Esistono ragioni perché, in positivo, valga la pena di sceglierlo ancora? A quali condizioni può essere vissuto male, fino a giungere all'esperienza deviante? A queste e ad altre domande risponde il presente saggio.

Paoline
EDITORIALE LIBRI

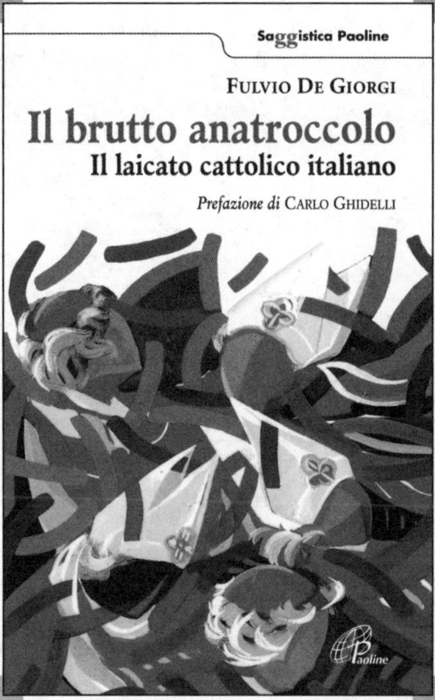

Questo saggio sulla situazione ecclesiale italiana, dal concilio Vaticano II a oggi, nasce come risposta alla famosa lettera che i vescovi italiani hanno scritto ai fedeli laici nel 2005. Una risposta aperta, franca e coraggiosa.

Stampa: Àncora Arti Grafiche - Milano - 2009